# essentials

*essentials* liefern aktuelles Wissen in konzentrierter Form. Die Essenz dessen, worauf es als „State-of-the-Art" in der gegenwärtigen Fachdiskussion oder in der Praxis ankommt. *essentials* informieren schnell, unkompliziert und verständlich

- als Einführung in ein aktuelles Thema aus Ihrem Fachgebiet
- als Einstieg in ein für Sie noch unbekanntes Themenfeld
- als Einblick, um zum Thema mitreden zu können

Die Bücher in elektronischer und gedruckter Form bringen das Expertenwissen von Springer-Fachautoren kompakt zur Darstellung. Sie sind besonders für die Nutzung als eBook auf Tablet-PCs, eBook-Readern und Smartphones geeignet. *essentials:* Wissensbausteine aus den Wirtschafts-, Sozial- und Geisteswissenschaften, aus Technik und Naturwissenschaften sowie aus Medizin, Psychologie und Gesundheitsberufen. Von renommierten Autoren aller Springer-Verlagsmarken.

Weitere Bände in der Reihe http://www.springer.com/series/13088

Hans-Werner Grunow · Christoph Zender

# Finanzinstrument „Schuldschein"

Attraktiver Baustein der
Unternehmensfinanzierung

Dr. Hans-Werner Grunow
CAPMARCON GmbH
Stuttgart, Deutschland

Christoph Zender
LBBW Landesbank Baden-Württemberg
Stuttgart, Deutschland

ISSN 2197-6708        ISSN 2197-6716   (electronic)
essentials
ISBN 978-3-658-20179-1        ISBN 978-3-658-20180-7   (eBook)
https://doi.org/10.1007/978-3-658-20180-7

Die Deutsche Nationalbibliothek verzeichnet diese Publikation in der Deutschen Nationalbibliografie; detaillierte bibliografische Daten sind im Internet über http://dnb.d-nb.de abrufbar.

Springer Gabler
© Springer Fachmedien Wiesbaden GmbH 2018

Gedruckt auf säurefreiem und chlorfrei gebleichtem Papier

Springer Gabler ist Teil von Springer Nature
Die eingetragene Gesellschaft ist Springer Fachmedien Wiesbaden GmbH
Die Anschrift der Gesellschaft ist: Abraham-Lincoln-Str. 46, 65189 Wiesbaden, Germany

# Was Sie in diesem *essential* finden können

- Eine umfassende Beschreibung und Erklärung des Schuldscheindarlehens
- Einen kurzen Abriss zur Historie des Schuldscheins
- Einen Überblick zum Marktumfeld und zu den wichtigsten Akteuren
- Eine Darstellung der Einsatzvoraussetzungen und des Begebungsprozesses
- Eine Skizze zum Zeitplan für die Aufnahme eines Schuldscheindarlehens
- Einen direkten Vergleich des Schuldscheins mit anderen Finanzinstrumenten

# Inhaltsverzeichnis

# Einführung

**1**

Das Schuldscheindarlehen, so die korrekte Bezeichnung für die häufig benutzte Kurzform Schuldschein, hat sich in der Unternehmensfinanzierung zu einem einfach und vielseitig einsetzbaren und damit attraktiven Instrument entwickelt. Das Schuldscheindarlehen besitzt viele Vorzüge und verlangt nur wenig Kompromisse. Unter den Marktteilnehmern haben sich leistungsfähige Strukturen, Prozesse und Gepflogenheiten herausgebildet. Die damit entstandene Infrastruktur hat das Schuldscheindarlehen zu einem eigenständigen und sogar internationalen Segment des Finanzmarktes reifen lassen – es ist zu einem idealen Baustein der Unternehmensfinanzierung geworden.

Spätestens seit der Finanzkrise in den Jahren 2008 und 2009 überzeugt das Schuldscheindarlehen als standardisierte kapitalmarktorientierte Finanzierungsform die Marktteilnehmer. Zu dieser Zeit waren andere Finanzquellen entweder wenig ergiebig (wie der klassische Bankkredit) oder versiegten vorübergehend sogar (wie die Anleihe). Die offensichtliche Einsatzfähigkeit des Schuldscheins auch in schwierigen Marktphasen sicherte diesem Instrument Attraktivität und Aufmerksamkeit.

Wegen der vielseitigen Einsetzbarkeit und gleichzeitig relativ großen Individualität passt der Schuldschein überdies sehr gut zum Trend der stärker kapitalmarktorientierten Unternehmensfinanzierung in Deutschland und in Europa. Der Investorenkreis des Schuldscheins ist vor dem Hintergrund der leistungsfähigen, transparenten und hinreichend standardisierten Strukturen ständig gewachsen. Das Risikoprofil der Darlehensnehmer hat sich für die Investoren aufgrund der zur Verfügung gestellten Daten und Informationen als berechenbar und verlässlich erwiesen. Und schließlich schätzen viele Unternehmen gerade den nicht öffentlichen Charakter des Schuldscheinmarktes.

© Springer Fachmedien Wiesbaden GmbH 2018
H. Grunow und C. Zender, *Finanzinstrument „Schuldschein"*, essentials,
https://doi.org/10.1007/978-3-658-20180-7_1

Zwar erschließen sich die Strukturen und Prozesse dem Außenstehenden nicht unmittelbar. Doch für die Beteiligten zeigt der Schuldscheinmarkt ein hohes Maß an Transparenz und Kalkulierbarkeit. Die folgenden Seiten erläutern die Konstruktion des Schuldscheins, die Funktionsweise und den korrespondierenden Emissionsprozess. Darüber hinaus findet sich eine Skizze, welchen Anforderungen das Schuldscheindarlehen beim Einsatz in der Unternehmensfinanzierung genügen muss und wie sich die relevanten Investorengruppen zusammensetzen. Zur Marktübersicht werden die Vorteile und Besonderheiten des Schuldscheins im Vergleich mit anderen Instrumenten gegenübergestellt. Zum Abschluss werden die gegenwärtigen Trends am Schuldscheinmarkt und ihre Bedeutung für Unternehmen und Darlehensgeber geschildert.

# Der Schuldschein und seine Konstruktion, Ausprägung, Eignung

2

## 2.1 Historie des Schuldscheindarlehens

Das (rechtliche) Konstrukt des Schuldscheindarlehens existiert in Europa bereits seit Jahrhunderten, kam aber nur sporadisch in der Finanzierung von überwiegend öffentlichen Institutionen und staatlichen Unternehmen zum Einsatz. Mit nennenswertem Volumen wurde der Schuldschein erstmals in Deutschland in der zweiten Hälfte des 19. Jahrhunderts genutzt. Damals wurde auch die Grundlage für die Struktur und rechtliche Gestaltung des heutigen „deutschen Schuldscheins" gelegt. In anderen Ländern war keine entsprechende Entwicklung zu beobachten. Wichtigste Akteure waren zunächst Versicherungsunternehmen als Kreditgeber, die den Kommunen Mittel nicht nur über Wertpapiere, sondern auch über Schuldscheindarlehen zur Verfügung stellten.

Einen regelrechten Schub erfuhr das Schuldscheindarlehen in den 1930er Jahren, als Banken und Versicherungen zunehmend zur Finanzierung der öffentlichen Haushalte und Nebenhaushalte in Deutschland angehalten wurden. Bei Reich, Ländern und Kommunen geschah dies meist in Form von Anleihen, während das Schuldscheindarlehen vor allem in der Kreditversorgung von reichseigenen Gesellschaften oder gleichgeschalteten Genossenschaftsorganisationen eingesetzt wurde – zum Beispiel der Reichsbahn-Gesellschaft, den Reichsautobahnen als Tochterunternehmen der Reichsbahn, den Siedlungsgenossenschaften oder der Zentralen Textil-Gesellschaft.

Nach dem zweiten Weltkrieg und der Währungsreform im Jahr 1948 waren es wiederum die Versicherungsunternehmen, die als Geber von Schuldscheindarlehen auftraten. Denn bereits kurz nach der Währungsreform flossen ihnen durch Beiträge kontinuierlich große Summen zu, während der enorme Kapitalbedarf der (Industrie-)Unternehmen zu dieser Zeit nur schwer über andere Instrumente zu

© Springer Fachmedien Wiesbaden GmbH 2018
H. Grunow und C. Zender, *Finanzinstrument „Schuldschein"*, essentials,
https://doi.org/10.1007/978-3-658-20180-7_2

befriedigen war. Die Aktien- und Anleihemärkte waren bis in die 1950er Jahre noch im Aufbau. Und die Banken mussten erst nach und nach ihr Einlagengeschäft mit Volumen füllen.

In den 1950er Jahren nutzen zunächst Industrieunternehmen den Schuldschein auch mit größeren Volumina von bis zu über 100 Mio. D-Mark zur Finanzierung. In der darauffolgenden Dekade setzten dann die anderen Wirtschaftssektoren das Schuldscheindarlehen zur Finanzierung ein – zuvorderst Versorger, Handels- und Logistikunternehmen. In der 1970er Jahren vergaben auch Banken und Versicherer untereinander Schuldscheindarlehen. In der Folgezeit und gerade in den 1980er Jahren trat die Bedeutung des Schuldscheindarlehens mit der Entwicklung der Finanz- und Kapitalmärkte sowie der sich auch bei der Unternehmensfinanzierung international vernetzenden Finanzbranche zunächst aber in den Hintergrund; die Marktvolumina blieben weitgehend konstant.

Erst zur Jahrtausendwende reüssierte das Schuldscheingeschäft wieder mit neuer Dynamik. Damals nahmen die Kurschwankungen (Volatilität) in einigen Teilbereichen des Rentenmarktes (Asienkrise, Russlandkrise, Brasilienkrise) und auch an den Aktienmärkten (Neuer Markt-Krise, Konjunktureintrübung) zu. Große Investoren wie Banken und Versicherer suchten damals in der Konsequenz nach wertstabilen Anlagen, um die Bilanzanpassungen bei ihren Aktiva zu begrenzen. Diese Anlagemöglichkeit fanden sie im Schuldschein.

Einen besonderen Schub erhielt das Schuldscheindarlehen durch die Finanzkrise in den Jahren 2008 und 2009. Damals kamen Handel und Emissionstätigkeit an den Wertpapiermärkten – speziell bei Anleihen – weitgehend zum Erliegen, während Schuldscheine einen Anstieg des jährlichen Begebungsvolumens von fast 60 % verzeichneten. Den zuletzt größten Anstieg der in einem Jahr aufgenommenen Schuldscheindarlehen gab es in der Periode 2016, als Investoren in diesem Instrument 28,5 Mrd. EUR an Darlehen den Unternehmen zur Verfügung stellten – mehr als jemals zuvor innerhalb nur eines Jahres.

## 2.2  Kontinuierlich wachsende Volumina

In den vergangenen rund 20 Jahren haben beim Schuldscheindarlehen die jährlich aufgenommenen Volumina und das Gesamtvolumen des Marktsegments im Trend kontinuierlich zugenommen. Mit dem bisherigen Rekordjahr 2016 stieg die in einem Jahr vereinbarte Darlehenssumme auf fast 30 Mrd. EUR (siehe Abb. 2.2) und das zur Jahresmitte 2017 insgesamt ausstehende Volumen auf rund 100 Mrd. EUR (siehe Abb. 2.1). Diese Entwicklung bestätigt die Tendenz, den in

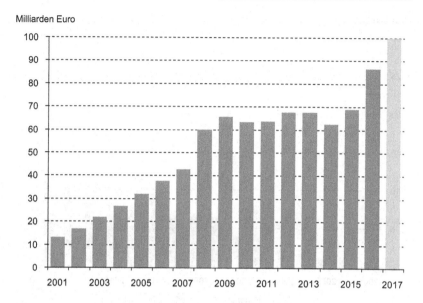

**Abb. 2.1**  Volumen des deutschen Schuldscheinmarkts. (Quelle: CAPMARCON)

der Unternehmensfinanzierung dominierenden klassischen Bankkredit (zur Jahresmitte 2017 rund 1500 Mrd. EUR) in nennenswertem Maße und auf Dauer zu ergänzen.

## 2.3   Breites Spektrum an Fremdkapitalinstrumenten

Die typischen Instrumente in der Fremdfinanzierung sind der „traditionelle", von einer einzelnen Bank gewährte Kredit (bilateraler Kredit), der von einem Konsortium unterschiedlicher Banken gewährte Kredit (syndizierter Kredit), der Schuldschein und schließlich die Anleihe. Diese Formen unterscheiden sich durch ihre rechtlichen Ausprägungen, durch die mit ihnen jeweils verbundenen Informationspflichten, durch die Risikograde für den kreditgebenden Investor, durch die Fungibilität (Handelbarkeit) aufseiten der Kreditgeber und durch die typischerweise zu stellenden Sicherheiten.

Eher „Exoten" in der Unternehmensfinanzierung sind das Nachrangdarlehen, das heute oftmals bei kleineren Unternehmen in Form des Gesellschafterkredits gewährt wird, oder die Kapitalüberlassung von Nicht-Banken, das sogenannte

Milliarden Euro

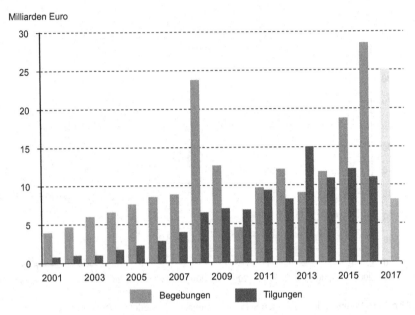

**Abb. 2.2** Begebungen und Tilgungen am deutschen Schuldscheinmarkt. (Quelle: CAP-MARCON)

Direktdarlehen, das zum Beispiel von Versicherungen oder Kreditfonds gegeben wird. Das gesamte Spektrum wird ergänzt durch die sogenannten strukturierten Instrumente wie zum Beispiel Asset Backed Securities (ABS) oder durch Leasing- beziehungsweise Factoring-Finanzierungen.

Diese Fremdkapitalinstrumente besitzen unterschiedliche Flexibilität in der Ausgestaltung der einzelnen Komponenten wie zum Beispiel Zins, Laufzeit, Währung, Kündigungsmöglichkeiten oder Auflagen. Die Komponenten lassen sich – je nach Instrument – individuell auf die Bedürfnisse des Kreditnehmers zuschneiden und kombinieren. So kann beispielsweise der Zinssatz während der Laufzeit oder in Abhängigkeit von der Bonitätsentwicklung des Kapitalnehmers variieren, der Kredit ist möglicherweise von einer der Vertragsparteien „vorzeitig" kündbar oder Zins und Tilgung werden in unterschiedlichen Währungen bezahlt. Gerade der Schuldschein zeigt hinsichtlich dieser Möglichkeiten eine sehr große Flexibilität.

## 2.4  Schuldschein mit Vorteilen aus beiden Welten: Darlehen und Marktfinanzierung

Das Schuldscheindarlehen ist das Bindeglied zwischen dem Bankkredit und der Kapitalmarktfinanzierung. Der Schuldschein ist zwar eine Bündelung vieler bilateraler Kreditvereinbarungen, weist aber wegen der stärkeren Formalisierung und der Vorgehensweise bei seiner Vermarktung bereits Merkmale einer Anleihefinanzierung auf. Gegenüber dem klassischen Bankdarlehen ordnet der Schuldschein das Kreditverhältnis von Kapitalgebern und Kapitalnehmern in einem stärker standardisierten Rahmen. Dies bringt Vorzüge wie zum Beispiel die bessere Bewertbarkeit, die flexiblere Kapitalanlage oder die leichtere Übertragbarkeit der den Schuldscheinen unterliegenden Forderungen – was letztlich die Attraktivität dieses Instrumentes für Investoren erhöht.

Der Schuldschein zeichnet sich ungeachtet seines Kreditcharakters durch eine ähnliche Struktur, ähnliche Anforderungen und ein ähnliches Vermarktungsverfahren wie eine Anleihe aus, er kann neben Finanzierungszwecken deshalb auch als Alternative für oder als Vorbereitung auf eine „echte" Kapitalmarktemission dienen. Gerade mittelständischen Unternehmen, die sich für eine Anleiheemission ertüchtigen wollen, hilft der Schuldschein als Instrument, das gerade im Vergleich mit der Anleihe einen geringeren Strukturierungsaufwand erfordert. Aber: Der Schuldschein ist nicht börsennotiert, daher ist sein Tausch am Sekundärmarkt trotz grundsätzlicher Veräußerbarkeit deutlich eingeschränkt.

## 2.5  Rechtlicher Rahmen und Veräußerbarkeit des Schuldscheindarlehens

Rechtlich handelt es sich bei einem Schuldscheindarlehen um einen Kredit beziehungsweise um eine Vielzahl von einzelnen Krediten an nur einen Kreditnehmer. Der Schuldner verspricht eine bestimmte Leistung: Die Rückzahlung eines Darlehensbetrages zu einem definierten Zeitpunkt. Dazu erstellt der Schuldner entweder einen Schuldscheindarlehensvertrag oder ein separates Dokument „Schuldschein" zu Beweissicherungszwecken. In der Praxis wird aber meistens auf die Ausstellung eines separaten Schuldscheins verzichtet.

Rechtlich sind Schuldscheine aber keine Wertpapiere. Denn Wertpapiere sind Urkunden, die ein Recht (zum Beispiel eine Zahlungsforderung) derart verbriefen, dass das Recht ohne die Urkunde nicht geltend gemacht werden kann (zum Beispiel eine Anleihe als Inhaberschuldverschreibung). Anders aber ist es bei

einem Schuldschein: Einen Rückzahlungsanspruch besitzt nur der Darlehensgläu-
biger (also meist der ursprüngliche Kapitalgeber), nicht aber zwingend derjenige,
der das Dokument „Schuldschein" gerade im Besitz hat.

Bei einem Besitzerwechsel des Schuldscheines wird deshalb oft auch nicht von
„Handel", sondern von „Umplatzierung" gesprochen. Schuldscheine werden –
trotz grundsätzlicher Veräußerbarkeit – von den Zeichnern überwiegend, das
heißt bei weit über 90 % des begebenen Volumens, bis zur Endfälligkeit gehalten.
Gleichwohl kommt es doch hin und wieder vor, dass sich Investoren von ihrem
Engagement vor Rückzahlung durch das begebende Unternehmen trennen möch-
ten. Dann erleichtert die Standardisierung dieses Instruments die einfache Übertragbarkeit des Schuldscheins.

Ein (Schuldschein-)Investor spricht in diesem Falle den Arrangeur auf seinen
Verkaufswunsch an. Der Arrangeur kennt in der Regel interessierte Investoren,
sodass sich eine Umplatzierung zügig realisieren lässt. Sollte für ein Engagement
nicht sofort ein Folgeinvestor zur Verfügung stehen, nimmt der Arrangeur das
Engagement des veräußerungswilligen Investors auch auf das eigene Buch, bis er
die Kreditforderung zu einem späteren Zeitpunkt an einen Folgeinvestor weiter-
geben kann.

Formal erfolgt die Übertragung durch Abtretung der Forderung des (Schuld-
schein-)Verkäufers an den (Schuldschein-)Käufer. Eine Alternative zur Abtretung
ist der Eintritt des (Schuldschein-)Käufers in den bestehenden Vertrag zwischen
Emittent (Unternehmen) und dem Schuldscheinzeichner, der seine Kreditforderung veräußern möchte. In der Praxis informieren der derzeitige und der neue
Darlehensgeber die Zahlstelle über die Vertragsübernahme mittels eines Übertra-
gungszertifikates (Bestandteil des Schuldscheindarlehensvertrags). Die Zahlstelle
informiert wiederum das Unternehmen als Schuldner, damit dieses jederzeit den
Kreis seiner Investoren kennt.

## 2.6  Einsatzmöglichkeiten: Verwendung der Mittel aus Schuldscheinemissionen

Kredit, Schuldscheindarlehen und Anleihe (Sammelbegriff hier: Fremdfinan-
zierungsinstrumente) eignen sich im Allgemeinen zur Finanzierung einer gan-
zen Reihe von Investitionsvorhaben und Kapitalbedürfnissen (siehe Tab. 2.1).
Schuldscheindarlehen im Speziellen dienen unter anderen der Erweiterung des
Investorenkreises gegenüber den bisherigen Kreditgebern. Hierdurch können die
freiwerdenden Kreditlinien der Hausbanken für andere operative Zwecke genutzt
werden, zum Beispiel für kurzfristig bereitzustellende Akquisitionsfinanzierungen.

**Tab. 2.1** Eignung des Schuldscheins in der Unternehmensfinanzierung. (Quelle: Grunow/ Figgener, Handbuch Moderne Unternehmensfinanzierung, Springer-Verlag, Heidelberg 2006)

| | |
|---|---|
| Bilanzfinanzierung | Der Schuldschein eignet sich grundsätzlich zur Aufnahme längerfristiger Finanzierungen. Damit lässt sich die Laufzeitenstruktur optimieren |
| | Ebenso ist der Schuldschein geeignet zur Umfinanzierung beziehungsweise zur Ablösung von anderen Fremdfinanzierungsinstrumenten wie die Anleihe, der Bankkredit oder der Lieferantenkredit. |
| | Schließlich lassen sich mit dem Schuldschein die Betriebsmittel („Working Capital") aufstocken |
| Geschäftsfinanzierung | Der Schuldschein eignet sich gut zur Finanzierung von Investitionen oder Expansion in tradierten Geschäftsfeldern sowie vor allem auch zur Finanzierung von Unternehmenskäufen zwecks Erweiterung der Kapazitäten oder Arrondierung der Geschäftsbereiche |

Dabei dürfen weitere Kreditgeber hinsichtlich der Konditionen allerdings nicht besser gestellt werden als die Schuldscheindarlehensgeber.

Schuldscheindarlehen eignen sich hingegen nicht zur Aufnahme weiterer Kredite, wenn der Spielraum bei den (Haus-)Banken bereits ausgeschöpft ist. Denn die Zeichner von Schuldscheindarlehen akzeptieren keinen (strukturellen) Nachrang. Auch wird eine künftige Schlechterstellung der Schuldscheingläubiger durch eine nachfolgende (besicherte) Kreditaufnahmen durch das Unternehmen mithilfe sogenannter Negativerklärungen (Negative Pledge) ausgeschlossen.

Die Aufnahme von Fremdkapital mittels des Schuldscheins dient der Finanzierung bestehenden und bewährten Geschäftes, so zum Beispiel zur Modernisierung von Produktionsanlagen, zur Effizienzsteigerung von unternehmensinternen Prozessen mittels Investitionen in Informationstechnologie, zum Ausbau von Betriebsteilen zwecks Kapazitätserhöhung oder zur Expansion ins Ausland und zur Finanzierung von Akquisitionen.

Die Schuldscheinvolumina sollten „in vernünftiger Relation" zur Unternehmensgröße (Umsatz, Bilanzsumme) und der klassischen Kreditfinanzierung stehen und die Aufnahme von Schuldscheindarlehen sollte die Finanzrelationen nicht allzu stark verändern. Vor allem sollte eine positive Wirkung auf den Kapitalfluss oder eine Reduzierung des Schulddienstes zu erwarten sein. Ansonsten gibt es im Vorfeld keine regelmäßigen Ausschlusskriterien. Damit haben Unternehmen grundsätzlich Zugang zur Finanzierungsquelle Schuldschein, die – bei einem Mindestvolumen dieses Instruments von 20 Mio. EUR – eine Umsatzgröße und eine Bilanzgröße von jeweils 150 bis 200 Mio. EUR und mehr besitzen.

# Die Eckwerte: Vorgaben und Gestaltungsspielraum

**3**

## 3.1 Bestandteile eines Schuldscheindarlehen-Vertrags

Wichtige Bestandteile eines Fremdfinanzierungsabkommens sind die Kredithöhe, die Kreditlaufzeit, der Zins (fest oder variabel) und die Zahlungstermine, in Sonderfällen eventuell zu stellende Sicherheiten und die Kreditklauseln, die sogenannten Covenants: Auflagen, Bedingungen, (Verwendungs-)Beschränkungen bei geschäftlichen Entscheidungen oder im Finanzmanagement.

▶ Kredithöhe: Üblich sind bei Schuldscheindarlehen Kreditbeträge von 50 Mio. EUR bis 250 Mio. EUR. Problemlos platzierbar sind auch geringere Beträge ab 20 Mio. EUR oder hohe Volumina im Milliardenbereich.

▶ Kreditlaufzeit: Die Laufzeiten von Schuldscheinen konzentrieren sich auf drei, fünf, sieben und zehn Jahre. Möglich sind auch alle anderen Laufzeiten wie zum Beispiel viereinhalb Jahre.

▶ Kreditzins: Die Verzinsung des Schuldscheins orientiert sich stark an den Anlagepräferenzen der Kreditgeber. (Groß-)Banken investieren traditionell variabel verzinslich, weil sie nicht zusätzlich zum Ausfallrisiko des Emittenten auch noch das Änderungsrisiko des Marktzinses auf ihre Bücher nehmen wollen. Demgegenüber kaufen Sparkassen und Lebensversicherungen Schuldscheindarlehen mit fester Verzinsung, um die ihnen langfristig zur Verfügung stehende Liquidität laufzeitenkongruent wieder zu reinvestieren.

© Springer Fachmedien Wiesbaden GmbH 2018
H. Grunow und C. Zender, *Finanzinstrument „Schuldschein"*, essentials,
https://doi.org/10.1007/978-3-658-20180-7_3

▶ Das kreditnehmende Unternehmen kann mittels Zins-Swap – Tausch von fester gegen variable Verzinsung und umgekehrt – über die arrangierende Bank das aufgenommene Schuldscheinvolumen nach den eigenen Zinspräferenzen gestalten. In Abhängigkeit vom Markt- und Zinsumfeld schwanken die Anteile von variabler und fester Verzinsung zwischen jeweils 40 % und 60 %. Je länger die Laufzeit eines Schuldscheindarlehens, desto höher ist der Anteil der festen Verzinsung.

▶ Zinszahlung: Bei fester Verzinsung ist die Zinszahlung jährlich fällig, bei variabler Verzinsung vierteljährlich oder meist halbjährlich.

In den Prozess der Zinsbildung gehen in der Regel drei Faktoren ein:

- Der erste Faktor ist der Refinanzierungssatz des Kapitalgebers, dieser kann unterschiedlich sein. Ein Anhaltspunkt bei Banken ist der risikolose Marktzins zuzüglich eines Bonitätsaufschlags für das jeweilige Kreditinstitut am Interbanken-Markt.
- Zweitens finden die Eigenmittelkosten Eingang in die Kalkulation. Ein Anhaltspunkt bei Banken sind die Kosten, die durch die Unterlegung des Darlehens mit Eigenkapital entstehen; diese richten sich nach der Bonität des jeweiligen Kreditnehmers gemäß internem Rating.
- Der dritte Faktor ist die Risikoprämie. Dies ist derjenige Teil des Zinssatzes, den der Kreditgeber als individuellen Ausgleich für das mit dem Engagement verbundene Risiko verlangt. Anhaltspunkt ist hier die Leistungsfähigkeit/ Bonität des kreditnehmenden Unternehmens.

Ein weiteres Kriterium bei der Festsetzung der Zinshöhe von Schulscheinen können in Ausnahmefällen auch vom Kreditnehmer dem Kapitalgeber gestellte Sicherheiten sein, auf die er im Falle eines Zahlungsausfalles zurückgreifen kann. Dies kommt in der Praxis aber höchstens bei immobilienbezogenen Schuldscheindarlehen vor (siehe Tab. 3.1). Unter Umständen kann auch der Verwendungszweck des überlassenen Kapitals ein Kriterium sein. Damit wird mehr oder weniger konkret vereinbart, ob die zur Verfügung gestellten Mittel als Betriebsmittel, für Investitionen oder zur Umschuldung (Refinanzierung) zur Verfügung gestellt werden.

Das kapitalsuchende Unternehmen kann bei der Einschätzung einer „marktgerechten" Verzinsung des Schuldscheindarlehens zurückgreifen auf die Expertise des Arrangeurs oder auf Referenzgrößen des Marktes beispielsweise in Form von Renditen auf Anleihen vergleichbarer Unternehmen oder auf Indizes für die Renditeentwicklung bestimmter Schuldscheinkategorien.

**Tab. 3.1** Erfordernis von seitens des Kapitalnehmers zu stellenden Sicherheiten. (Quelle: Grunow/Zender)

| | |
|---|---|
| Klassischer Kredit | In der Regel ja, nein bei schuldscheinfähigen Unternehmen oder bei vergleichbarer guter Bonität |
| Nachrangiger Kredit | Nein |
| Syndizierter Kredit | Nein bei schuldscheinfähigen Unternehmen oder bei vergleichbarer guter Bonität |
| Direktdarlehen | Mitunter |
| Schuldschein | Nein, selten bei immobilienbezogenen Darlehen |
| Anleihe | Nein |

## 3.2 Schuldscheindarlehen mit mehreren Gestaltungsmöglichkeiten gleichzeitig

Ein großer Vorteil von Schuldscheinen gegenüber anderen Finanzinstrumenten ist – ab einer bestimmten Größenordnung – die Möglichkeit der Tranchierung, das heißt der gesamte Kreditbetrag kann in mehrere Tranchen mit unterschiedlichen Laufzeiten, Zinsvereinbarung und Währungen aufgeteilt werden, zum Beispiel eine Tranche mit variablem und eine mit festem Zins. Oder – je nach Finanzierungsanlass – kann das Unternehmen auch Schuldscheinteilbeträge in unterschiedlichen Währungen aufnehmen wie zum Beispiel in US-Dollar oder in Britischem Pfund. Auch diese Flexibilität ist ein Vorteil gegenüber der Anleihe, die in der Regel nur mit einem einheitlichen Zins und nur einem Fälligkeitsdatum begeben wird.

## 3.3 Schuldscheingläubiger auf gleicher Rangstufe wie andere Kreditgeber

Schuldscheindarlehen stehen in der Rangordnung der Gläubiger auf derselben Stufe mit weiteren Krediten und Anleihen (siehe Tab. 3.2). Eine Schlechterstellung der Schuldscheinzeichner gegenüber anderen Fremdkapitalgebern ist ausgeschlossen. Gläubiger von zu einem späteren Zeitpunkt (nach dem Schuldscheindarlehen) aufgenommenen Fremdkapital dürfen also vertraglich nicht besser gestellt werden als die Schuldscheingläubiger.

Gleichzeitig können Auflagen vereinbart werden wie etwa bestimmte Maßgaben oder wichtige Kennzahlen (Klauseln oder Covenants), die über die Vertragsdauer

**Tab. 3.2**  Anspruch des Investors. (Quelle: Grunow/Zender)

| | |
|---|---|
| Klassischer Kredit | Vorrangig |
| Nachrangiger Kredit | Nachrangig |
| Syndizierter Kredit | Vorrangig |
| Direktdarlehen | Meist vorrangig |
| Schuldschein | Vorrangig |
| Anleihe | Vorrangig, mögliche Ausnahme: hybride Instrumente |

einzuhalten sind. Üblich ist bei Schuldscheindarlehen die Vereinbarung von einzuhaltenden Finanzkennzahlen, sogenannten Financial Covenants, so zum Beispiel das Einhalten bestimmter absoluter oder relativer Verschuldungsgrenzen. Werden diese Kennziffern (beziehungsweise Relationen von bestimmten Finanzzahlen) nicht eingehalten, führt dieses Verfehlen bei 90 % der betroffenen Schuldscheindarlehen zu einem (vorübergehenden) Anstieg der Verzinsung, nur bei zehn Prozent ist ein (Sonder-)Kündigungsrecht der Schuldscheingläubiger vereinbart.

Ebenso kann eine Kreditvereinbarung vorsehen, ob weitere Schuldverhältnisse eingegangen werden dürfen, und wenn ja, in welcher Höhe und zu welchen Konditionen. Auch können Darlehensgeber verlangen, dass das Unternehmen sich verpflichtet, wesentliche Betriebsteile während der Laufzeit des Schuldscheindarlehens nicht zu veräußern. Der Schuldschein fungiert in den meisten Fällen bei den Investoren als eine Beimischung zu ihren Wertpapier- oder Kreditportfolien zwecks Renditeanreicherung bei gleichzeitig möglichst verbessertem oder zumindest konstantem Risikoprofil. Entsprechend sollte der Schuldschein mit seiner Gestaltung nicht nur die Unternehmensfinanzierung optimieren, sondern gleichzeitig auch ein attraktives Rendite-Risiko-Profil für die Darlehensgeber aufweisen.

## 3.4  Begebungskosten des Schuldscheindarlehens vergleichsweise gering

Die Provision des Arrangeurs – ähnlich der Emission einer Anleihe – ist abhängig von der Bonität des kapitalnehmenden Unternehmens und beträgt in der Regel fünf bis zehn Basispunkte pro Laufzeitenjahr des Schuldscheindarlehens. Die Emissionskosten belaufen sich also bei einem zehnjährigen Schuldschein über 100 Mio. EUR auf 0,5 % bis 1,0 % des begebenen Volumens. Hinzukommen geringfügige „technische" Kosten zum Beispiel für die Zahlstellenfunktion (siehe Tab. 3.3).

**Tab. 3.3** Eckwerte einer Schuldscheinfinanzierung. (Quelle: Grunow/Zender)

| | |
|---|---|
| Volumen | Marktüblich ist eine Kredithöhe in einer Spanne von 25 Mio. EUR bis 500 Mio. EUR, größere Volumina bei entsprechendem Emittenten problemlos möglich, kleinere Volumina nur in Ausnahmefällen sinnvoll |
| Verzinsung | Verzinsung abhängig von Volumen, Marktlage und Bonität sowie Zugang des Arrangeurs zum relevanten Anlegerkreis (in der Regel über normalem Kreditzins, selten über/häufig unter vergleichbarem Anleihezins). In der Regel Tranchen mit fester und variabler Verzinsung (mit und ohne Mindestzins). Zahlungszeitpunkte jährlich und halbjährlich (jährliche Zinszahlung bei fester Verzinsung, vierteljährliche, meist halbjährliche Zinszahlung bei variabler Verzinsung). In Abhängigkeit vom Markt- und Zinsumfeld schwanken die Anteile von variabler und fester Verzinsung zwischen jeweils 40 % und 60 %. Je länger die Laufzeit eines Schuldscheins/einer Schuldscheintranche, desto höher ist tendenziell der Anteil der festen Verzinsung |
| Auflagen | Auflagen, Bedingungen, (Verwendungs-)Beschränkungen, sogenannte Covenants bezüglich der geschäftlichen Entscheidungen oder des Finanzmanagements werden in Abhängigkeit der Bonität des kreditnehmenden Unternehmens und des Finanzierungsanlasses individuell vereinbart |
| Rangfolge | Die Rangfolge der Zeichner von Schuldscheindarlehen in der Hierarchie der Gläubiger ist üblicherweise gleich denen der anderen Fremdkapitalgeber |
| Laufzeit | In der Regel 3 bis 10 Jahre, längere Laufzeiten sind aber ebenso möglich wie die Aufteilung größerer Beträge auf unterschiedliche Laufzeiten |
| Tilgung | Endfällig. Tilgungsstruktur sind technisch möglich, jedoch in der Praxis nicht relevant, da Investoren langfristige und endfällige Investment bevorzugen |
| Anforderungen | „Kapitalmarktreife" des Unternehmens, Mindestbonität, ergänzende Regelungen und Auflagen, umfangreiche und aktuelle Dokumentation, kein Prospekt und kein externes Rating von Agenturen erforderlich |
| Platzierungsdauer | Zwölf bis 15 Wochen (gesamter Prozess), auch abhängig von der Emissionshäufigkeit |
| Investoren | Banken und bankähnliche Institutionen, Versicherungen, Pensionskassen |
| Platzierungsgarantie | In der Regel nein, unter Umständen möglich („Underwriting") |
| Kosten | Emissionskosten bei einem Volumen von 50 Mio. EUR und fünf Jahren Laufzeit durchschnittlich 200.000 EUR zuzüglich vergleichsweise geringfügiger technischer Kosten |

# Die Voraussetzung zur Darlehensaufnahme: Hürden und Bonitäten

**4**

## 4.1 Bedingungen zur Begebung

Die Begebung von Schuldscheinen setzt seitens des Unternehmens keine bestimmte Rechtsform oder keine bestimmte Sektoren- und Branchenzugehörigkeit voraus. Doch ist der Schuldschein wegen des Mindestvolumens von 20 bis 30 Mio. EUR üblicherweise für börsennotierte Gesellschaften und größere mittelständische Unternehmen interessant. Voraussetzung zum Einsatz des Schuldscheins ist in jedem Falle ein Mindestmaß an Bonität. Nur dann lässt sich ein Schuldscheindarlehen als nicht besicherter Titel erfolgreich am Markt platzieren. In Einzelfällen können aber auch eine erhöhte Verzinsung sowie ein bekannter und „attraktiver" Unternehmensname eine eingeschränkte Bonität ersetzen.

Die „Bonitätshürden" zum Einsatz des Schuldscheins sind grundsätzlich zentrale wirtschaftliche Kennziffern (siehe Tab. 4.1). So sollte beispielsweise die Eigenkapitalquote des Kapitalnehmers, also die Relation von Eigenkapital und Bilanzsumme, mindestens bei 25 % liegen. Die Nettoverschuldung, also die Gesamtverschuldung abzüglich der liquiden Mittel, sollte nicht mehr als das Dreifache (besser: nicht mehr als das Zweifache) des sogenannten EBITDA betragen. Der Begriff EBITDA steht für „Earnings before Interest, Taxes, Depreciation and Amortization" und bezeichnet das Betriebsergebnis vor Zinsen, Steuern, Abschreibungen auf Sachanlagen und Abschreibungen auf immaterielle Vermögenswerte.

Eine wichtige Kennziffer ist auch der Zinsdeckungsgrad, also das Verhältnis von operativem Ergebnis (zum Beispiel EBITDA) zum Zinsergebnis. Danach sollte das EBITDA um einen Faktor von mindestens 3,5 höher sein als die Differenz von Zinsaufwand und Zinsertrag. Die tatsächlichen Schwellen der genannten Indikatoren hängen letztlich ab von der Branche und dem individuellen Unternehmensprofil. Darüber hinaus müssen in der Bilanz des Darlehensnehmers angesetzte sogenannte Firmenwerte von Beteiligungen („goodwill") tatsächlich

© Springer Fachmedien Wiesbaden GmbH 2018
H. Grunow und C. Zender, *Finanzinstrument „Schuldschein"*, essentials,
https://doi.org/10.1007/978-3-658-20180-7_4

**Tab. 4.1** Übliche Mindestanforderungen an Schuldscheindarlehen. (Quelle: Grunow/Zender)

| | |
|---|---|
| Eigenkapital/Gesamtkapital, d. h. Eigenkapital in Relation zu Eigenkapital plus Fremdkapital (zuzüglich Pensions- und Leasingverpflichtungen) | Mindestens 25 % |
| Nettoverschuldung/Betriebsergebnis, d. h. Gesamtverschuldung minus liquide Mittel in Relation zum Betriebsergebnis vor Abschreibungen (Obergrenze abhängig von der Unternehmensbranche) | Maximal 300 % |
| Betriebsergebnis/Netto-Zinszahlung, d. h. Betriebsergebnis vor Abschreibungen in Relation zum Zinsergebnis (Zinsaufwand minus Zinsertrag) | Mindestens 350 % |
| Bilanzansätze für Aktiva | Werthaltig |
| Kapitalfluss | Ausreichend und stetig |

werthaltig sein, um nicht vom Eigenkapital abgezogen zu werden. Damit gelten für Schuldscheindarlehen grundsätzlich ähnliche Finanzkennzahlen als Voraussetzung wie bei der Emission von Anleihen oder der Aufnahme von traditionellen beziehungsweise syndizierten Krediten.

Wichtige Voraussetzung ist auch ein ausreichend starker und konstanter Kapitalfluss („cash flow"), bei Engagements von Fremdkapitalgebern in Schuldscheindarlehen grundsätzlich ein zentrales Kriterium. Die Investoren bevorzugen einen stetigen Kapitalfluss. Dies kommt zum Beispiel Wirtschaftsbereichen mit schwach ausgeprägten konjunkturellen Zyklen oder kontinuierlichen Absatzleistungen zugute. Kapitalgeber mit erhöter Risikoneigung akzeptieren auch eine stärkere Volatilität des Kapitalflusses, verlangen dafür aber eine höhere Verzinsung der eingesetzten Mittel.

Ein Kredit suchendes Unternehmen kann bei der Vergabe von Schuldscheindarlehen nur im Ausnahmefall bemüht sein, das Risiko des Kapitalgebers durch die Stellung von Sicherheiten teilweise zu kompensieren. Daher bleibt der Kapitalfluss bei der Finanzierung mit Fremdkapital vorrangiges Beurteilungskriterium, das die Finanzströme zur Bedienung des Schulddienstes als Kalkulationsgröße heranzieht.

## 4.2    Rolle von Ratings

Schuldscheindarlehensnehmer sollten in der Bewertung der Investoren – zumindest im Bewertungsraster von Banken – den Bonitätsbereich „Investment Grade" erreichen (mindestens BBB-). Gleichwohl kann eine leicht schwächere Bonität durch andere Positivfaktoren kompensiert werden. Immerhin wiesen in den Jahren 2015 bis 2017 rund 40 % des begebenen Volumens – nach dem strengeren Bewertungs-raster international renommierter Rating-Agenturen wie Fitch, Moody's oder Standard & Poor's – ein „Non Investment Grade" auf, auch wenn diese Bonitäten dann im vergleichsweise noch guten Rating-Bereich BB und BB+ („Cross-over"-Segment) angesiedelt waren. Dies ist gerade bei größeren Mittelständlern der Fall, die aufgrund ihrer limitierten Umsatzgröße formal kaum ein Investment Grade erreichen können.

Ein externes Rating durch eine renommierte Agentur ist allerdings nicht erforderlich. Zwar werden größere Volumina von 200 Mio. EUR und mehr von Unternehmen an den Markt gebracht, die nicht selten börsennotiert sind und bereits Anleihen emittiert haben und somit ohnehin ein Rating besitzen. Doch ist ein solches Rating für das Vereinbaren eines Schuldscheindarlehens nicht notwendig. Dieses fehlende Erfordernis einer externen Bonitätsbewertung bedeutet einen spürbaren Kostenvorteil gegenüber der Anleihe, für deren Platzierung bei institutionellen Investoren meist ein Rating renommierter Agenturen erforderlich ist.

Vor der Aufnahme von Schuldscheindarlehen üblich ist aber ein Rating des Arrangeurs („internes Banken-Rating"), das den potenziellen Kreditgebern kommuniziert wird. Zwar nehmen die meisten Schuldscheinkäufer darüber hinaus noch eine eigene Analyse und Prüfung vor, das Arrangeur-Rating gibt aber schon einmal eine wichtige Indikation, ob das betreffende Unternehmen eine Investment Grade-Bonität beziehungsweise Schuldscheinreife besitzt.

## 4.3 Kapitalmarktreife

Schließlich ist die Schuldscheinreife oder Kapitalmarktreife ein wesentliches Platzierungskriterium, sie ergibt sich im Wesentlichen aus der Solidität des Geschäftsmodells, der grundsätzlichen Ausgewogenheit der Unternehmensfinanzen und der Stetigkeit des Einnahmestroms, aus der Unternehmenshistorie und vor allem aus der Qualität der Dokumentation sowie der Kommunikation. So kann mitunter, wie erwähnt, eine höhere Risikoprämie zusammen mit einem bekannten oder „attraktiven" Unternehmensnamen und Geschäftsmodell eine geringfügig unter Investment Grade liegende Bonität kompensieren.

# Die Dokumentation und Information

# 5

## 5.1 Bedeutung der Unternehmensdokumentation

Die Begebung eines Schuldscheins ist mit bestimmten, wenngleich nicht gesetzlich vorgeschriebenen Informations- und Dokumentationspflichten gegenüber dem Kreditgeber verbunden. Die Erfüllung dieser Pflichten muss für das Kredit suchende Unternehmen aber nicht nur Aufwand bedeuten. Die Erarbeitung einer detaillierten Unternehmensdarstellung (häufig wird hierfür der Begriff der „Credit Story" verwendet) bringt auch Vorteile. So kann die Dokumentation, das heißt der Text und das Zahlenwerk, als Leitfaden der eigenen Geschäftsstrategie genutzt und bei Präsentationen gegenüber Investoren eingesetzt werden. Oder die Dokumentation bildet das inhaltliche „Gerüst" der zukünftigen Finanzkommunikation. Dies kann den Zugang zu potenziellen weiteren Investoren erleichtern.

Eine umfangreiche, aussagekräftige und verlässliche Kredithistorie („Credit Story") ist die Grundvoraussetzung für jeden Finanzierungsschritt. Gerade bei Fremdkapital erhöht eine solide Kalkulationsgrundlage die Wahrscheinlichkeit des Zustandekommens von Finanzierungsbeziehungen deutlich und senkt die Risikoprämie überdies signifikant. Die möglichst genaue Einschätzung der Risiken erleichtert es den in der Tendenz risikoaversen Fremdkapitalinvestoren, Mittel für Finanzierungsvorhaben bereitzustellen.

Basis aller Fremdkapitalfinanzierungen sind die Grunddaten der Unternehmensfinanzierung einschließlich Projektionen für die nächsten Jahre. Hinzu kommen die Erläuterungen des Zahlenwerkes und die ausführliche Darstellung der Geschäftsstrategie sowie des Einsatzes der benötigten Mittel. Schließlich sollten eventuelle Widersprüche und Sondersituationen bereits im Vorfeld aufgegriffen und erklärt werden. Darauf zu warten, dass der potenzielle Kapitalgeber Widersprüche und Unplausibilitäten überhaupt entdeckt, ist der falsche Weg. Denn

© Springer Fachmedien Wiesbaden GmbH 2018
H. Grunow und C. Zender, *Finanzinstrument „Schuldschein"*, essentials,
https://doi.org/10.1007/978-3-658-20180-7_5

kommt es tatsächlich zu einer „Aufdeckung", sind die Defizite in der Regel nicht mehr Vertrauen wahrend zu reparieren. Zu groß ist dann das Misstrauen des Kapitalgebers, dass auch noch an anderer Stelle unentdeckte Risiken schlummern.

## 5.2  Vorbereitung und Vermarktung als Grundlage des Platzierungserfolges

Grundlegende Erfolgsfaktoren für die Aufnahme eines Schuldscheindarlehens sind ein konkurrenzfähiges Geschäftsmodell (siehe Tab. 5.1) und dessen angemessene sowie überzeugende Darstellung (siehe Tab. 5.2). Die Attraktivität der Unternehmensperspektiven ist der zentrale Investmentanreiz für Kapitalgeber. Weitere wichtige Komponenten für die erfolgreiche Platzierung des Schuldscheins sind sowohl der Begebungszeitpunkt und die Konditionen als auch die richtige und ausführliche Information sowie Kommunikation des Unternehmens gegenüber den kreditgebenden Marktteilnehmern (siehe auch Tab. 5.3).

Die professionelle Vermarktung des Finanzierungsvorhabens ist unabdingbar. Eine direkte und gezielte Ansprache durch die arrangierende Bank und Investorenveranstaltungen unterstützen die erfolgreiche Platzierung des Schuldscheindarlehens, indem ein besseres Verständnis der Financiers für das Unternehmen und die Geschäftsstrategie erreicht wird. Dies gelingt häufig – gerade bei weniger bekannten Unternehmen – durch den persönlichen Kontakt der Investoren zum Management im Rahmen von Investorenveranstaltungen.

Mehrstündige bis sogar eintägige Investorenveranstaltungen geben einen umfassenden Unternehmensüberblick zu:

- den Geschäftsaktivitäten und der Geschäftsstrategie;
- der Historie, zur Organisation, zum Marktumfeld, zu den Wettbewerbern und den künftigen Perspektiven;
- den Finanzzahlen und der Finanzierungsstruktur (verschuldungsrelevante Kennzahlen);
- den wichtigen Einzelpositionen der Bilanz und der Gewinn- und Verlustrechnung;
- der beabsichtigten Mittelverwendung, zu den damit voraussichtlich ausgelösten Erträgen und zu einem insgesamt nachvollziehbaren Ausblick.

**Tab. 5.1** Erfolgskriterien bei der Schuldscheinfinanzierung (Teil I). (Quelle: Grunow/Zender)

| Kriterium | Ausprägung | Ergebnis |
|---|---|---|
| Geschäftsmodell und Markteinschätzung | Erfolgreiches und profitables Geschäftsmodell. Krisenfestes Geschäftsmodell aufgrund breiter Kundendiversifikation. Nachhaltiges Wachstum in den vergangenen Jahren. Stabiles Marktumfeld oder Wachstumsmarkt mit Potenzial | Investoren kommen bei dem kapitalsuchenden Unternehmen zu einer positiven Einschätzung des Geschäftsmodells und des relevanten Marktes |
| Struktur und Begebungszeitpunkt | Abstimmung/Anpassung hinsichtlich der sonstigen Finanzierungsaktivität des Unternehmens und der Konkurrenten beziehungsweise vergleichbaren Kapitalnehmer. Marktgängige und von Investoren gerade nachgefragte Struktur des Schuldscheins. Identifikation des geeigneten Begebungszeitpunktes. Sogenannte Marktsondierungen, also das Befragen von Marktteilnehmern zur Bestätigung der gewählten Darlehenskonditionen, kommen heute nicht mehr vor – nicht zuletzt aus rechtlichen Gründen (zum Beispiel wegen der seit 01.07.2016 geltenden Marktmissbrauchsrichtlinie); wichtig ist vielmehr die Marktkenntnis des Arrangeurs, die aus seinem Platzierungsanteil resultiert | Positive Resonanz des Marktes. Hohe Nachfrage der Investoren nach attraktiven Titeln, die konkurrenzfähig zu anderen Investmentmöglichkeiten sind und eine allgemein gute Portfoliokompatibilität aufweisen |
| Laufzeit und Konditionen | Laufzeit wird an das Fälligkeitsprofil und den tatsächlichen Mittelbedarf des Unternehmens angepasst. Vermarktung innerhalb einer Preisspanne, um durch ausreichende Flexibilität im Vermarktungsprozess die optimalen Konditionen zu erzielen | Indizierte Konditionen liegen am unteren Ende des aktuellen Marktniveaus. Die beste Kombination aus Kosten und vollständiger Platzierung sichert das gewünschte Kapitalvolumen |

**Tab. 5.2** Erfolgskriterien bei der Schuldscheinfinanzierung (Teil II). (Quelle: Grunow/Zender)

| Kriterium | Ausprägung | Ergebnis |
| --- | --- | --- |
| Dokumentation | Kurze deutschsprachige Dokumentation, regelmäßig zusätzlich in englischer Sprache, um die Platzierung an ausländische Investoren zu ermöglichen | Trotz vergleichsweise geringen Aufwandes für die Dokumentation gelingt eine hohe Zielgruppenerreichung |
| Information | Erstellung des Darlehensnehmerprofils durch die arrangierende Bank. Finanzberichte und ergänzende Planungsinformationen. Investoren-Treffen als Präsenzveranstaltung oder Telefonkonferenz unterstützt die Vermarktung | Der offene und transparente Umgang mit dem Finanzierungsvorhaben und die Informationsbereitstellung durch den Arrangeur fördern die Reputation des Schuldscheine begebenden Unternehmens am Finanzmarkt |
| Präsentation | Werben um Investorengelder während der Vermarktungsphase | Eine interessante, attraktive Darstellung des Unternehmens und des Finanzierungsvorhabens verbessern die Platzierungsquote und die Kreditkonditionen signifikant |
| Laufende Kommunikation | Ausführliche und aktuelle Unterrichtung der Kreditgeber während der Laufzeit des Schuldscheins. Ausmaß der Kommunikation abhängig von der Geschäftsentwicklung und der relevanten Ereignisse im Unternehmen | In der Regel informiert das Unternehmen über marktgängige Finanzkennzahlen und die vereinbarten Referenzdaten sowie über die Einhaltung der Vertragsklauseln („Covenants"). Bei wichtigen Anlässen kommuniziert das Unternehmen aktiv und nicht erst auf Verlangen |

**Tab. 5.3** Informationspflicht des Kapitalnehmers. (Quelle: Grunow/Zender)

| | |
|---|---|
| Klassischer Kredit: | Regelmäßig |
| Nachrangiger Kredit: | Regelmäßig |
| Syndizierter Kredit: | Regelmäßig |
| Direktinvestment: | Halbjährlich oder bei drohendem Ausfall des Kapitaldienstes |
| Schuldschein: | Halbjährlich oder bei drohendem Ausfall des Kapitaldienstes |
| Anleihe: | Halbjährlich oder bei drohendem Ausfall des Kapitaldienstes |

# Der Prozess der Begebung

**6**

## 6.1 Vorbereitung auf ein Schuldscheindarlehen

Die Aufnahme von Schuldscheindarlehen ist nicht möglich ohne begleitende Bank, welche sowohl die Schuldscheinfähigkeit prüft als auch die Strukturierung der Transaktion, die Begebung im engeren Sinne (Exekution), die Platzierung, die „Betreuung" über die Laufzeit (einschließlich eventueller Umplatzierungen) und die Zahlstellenfunktion übernimmt (siehe auch Tab. 6.1). Wichtig bei der Auswahl dieser Bank sind deren Übersicht über den relevanten Markt und die Kenntnis des Transaktionsgeschehens, das heißt der ausreichende Zugang dieser Bank zur Investorenbasis, deren Erfahrung beim Arrangement und in der Gestaltung von Schuldscheindarlehen sowie deren Anregungen zur richtigen „informativen Aufbereitung" und Kommunikation.

Die Aufnahme von Schuldscheinen verlangt keine über den § 18 Kreditwesengesetz hinausgehenden Informations- und Dokumentationspflichten gegenüber den Kapitalgebern, ein Mehr an Information ist aber marktüblich. Daher besteht ein gewisser (Vorbereitungs-)Aufwand auf Unternehmensseite. Doch bedeutet diese „Pflicht" für das kapitalsuchende Unternehmen wiederum nicht nur Aufwand, vielmehr bringt die Erarbeitung einer detaillierten Unternehmensdarstellung und laufend aktualisierten Unternehmenspräsentation Vorteile wie bereits anfangs des Kap. 5 (Dokumentation und Information) erläutert wurde.

Das Unternehmen muss zur Beurteilung der Bonität und Leistungsfähigkeit einen umfangreichen Informations- und Datensatz zur Verfügung stellen. Beleuchtet werden die Historie des Unternehmens, dessen Organisationsstruktur, die Geschäftstätigkeit und -führung sowie die Strategie und die Beschreibung des

© Springer Fachmedien Wiesbaden GmbH 2018
H. Grunow und C. Zender, *Finanzinstrument „Schuldschein"*, essentials,
https://doi.org/10.1007/978-3-658-20180-7_6

**Tab. 6.1** Emissionsprozess bei Schuldscheinfinanzierungen. (Quelle: Grunow/Zender)

| Prozessphase | Auf Unternehmensseite | Auf Banken-/Arrangeurseite |
| --- | --- | --- |
| Vorbereitung/Strukturierung | Bereitstellung aller erforderlichen Unterlagen | |
| | Vorbereitung und/oder Mitarbeit an der Präsentation zum Unternehmen und zum Finanzierungsvorhaben | Entwurf der Platzierungsstrategie. Erstellung der Liste der am Konsortium teilnehmenden Banken (Arrangeure) und des Zeitplanes. Zusammenstellung des Informations-/Präsentationspaketes. Skizze des Unternehmensprofils als wichtigstem Vermarktungsinstrument. Entwurf der Dokumentation |
| | Zustimmung zur Informationsstrategie, Freigabe der Inhalte | |
| Vermarktung/Platzierung | Entwicklung der Management-Präsentationen für Investorenveranstaltungen (gemeinsam mit dem Arrangeur). Beteiligung an der Diskussion bei Fragen im Rahmen dieser Investorenveranstaltung | Versand der Einladung zur Investorenveranstaltung. Organisation und Moderation dieser Veranstaltung. Diskussionsbeteiligung bei Fragen seitens der Investoren. Einsammeln und Verarbeiten der Kommentare der Investoren zu den Verträgen. Intensive Betreuung eingeladener Investoren und Informationsversorgung. Führung eines Orderbuchs und Kommunikation der Platzierungsentwicklung mit dem Unternehmen |

(Fortsetzung)

**Tab. 6.1** (Fortsetzung)

| Prozessphase | Auf Unternehmensseite | Auf Banken-/Arrangeurseite |
|---|---|---|
| Finalisierung/Abschluss | | Erstellung des finalen Orderbuchs. Vorschlag zur Zeichnungsquote der einzelnen Investoren |
| | Zustimmung zur Verteilung des Schuldscheinvolumens auf die jeweiligen Investoren (Allokation) | Abruf der Information zur Kreditverwaltung |
| | Erfüllung der Auszahlungsvoraussetzungen | Vorbereitung der Vertragsunterzeichnung |
| | Unterzeichnung und Versand der Verträge | Gegebenenfalls Information der Presse und begleitende Maßnahmen. Auszahlung |
| Folgepflichten | Zeitnahe Zusammenstellung der relevanten Geschäftszahlen, zügige Erstellung der Periodenabschlüsse | Zahlstelle, welche neben dem Zahlungsverkehr die Informationsverteilung an die Investoren während der gesamten Laufzeit übernimmt. Zentraler Ansprechpartner für Investoren (dadurch kein zusätzlicher Verwaltungsaufwand beim Darlehensnehmer) |
| | Laufende Information über die geschäftliche Entwicklung und die wichtigen Ereignisse | |

Marktumfeldes mit Unternehmensposition, Trends und Ausblick. Die qualitativen
Faktoren werden um quantitative Faktoren ergänzt:

- Finanzzahlen;
- Geschäftsentwicklung;
- Finanzierungsstruktur;
- Vermögens- und Ertragslage;
- Jahresabschlüsse der zurückliegenden drei bis fünf Jahre;
- aktuelle Zahlen und Prognosen.

Darüber hinaus sind zu erläutern der Mittelbedarf (wichtige Investitionskriterien
und Alternativszenarien) und die Mittelverwendung (Transaktionsübersicht, Wir-
kung auf Umsatz und Ergebnis). Schließlich werden Planzahlen zur Gewinn- und
Verlustrechnung, zur Kapitalflussrechnung und zur Bilanz benötigt. Aus diesem
Material wird das Kreditnehmerprofil und die aktuelle Unternehmensplanung wie
Unternehmenspräsentation erstellt. Daraus abgeleitet werden dann mithilfe des
Arrangeurs die Unternehmensübersicht und die „Credit Story" für Investoren in
leicht analysierbarer und verständlicher Form.

## 6.2    Zeitlicher Ablauf einer Darlehensaufnahme

Die gesamte Vorbereitungs- und Platzierungszeit eines Schuldscheines – von der
ersten Bankenansprache bis zum Erhalt des Kapitals – beträgt in der Regel zwölf
bis 15 Wochen (siehe Tab. 6.2). In den ersten drei Wochen werden die Mandats-
vereinbarung formuliert, der Rahmen der Konditionen festgelegt und die Dokumentation erstellt. Ab der vierten Woche erfolgt die Kreditgeberansprache.
    Nach etwa einmonatigem Kreditprüfungsprozess melden die Investoren in der
zehnten Woche ihr gewünschtes Volumen an; in der Praxis geben die Investoren
auch schon während des Prüfungsprozesses erste Interessensbekundungen über
die beabsichtigte Höhe ihres Investments an die Arrangeure weiter (sogenannte
Soft-Order).
    Darauf folgt die Kreditzuteilung durch Unternehmen und Arrangeur, die soge-
nannte Allokation, und die Unterzeichnung des Schuldscheindarlehensvertrages
zwischen der arrangierenden Bank und dem Unternehmen und der einzelnen
Abtretungsvereinbarungen mit den Kreditgebern.

**Tab. 6.2** Ablauf und Dauer einer Schuldscheinemission. (Quelle: Grunow/Zender)

| Prozessschritt | \ | \ | \ | \ | \ | \ | \ | \ | \ | \ | \ | \ |
|---|---|---|---|---|---|---|---|---|---|---|---|---|
| Dauer in Wochen | 1 | 2 | 3 | 4 | 5 | 6 | 7 | 8 | 9 | 10 | 11 | 12 |
| Entwurf der Mandatsvereinbarung und der Konditionen | ■ | | | | | | | | | | | |
| Diskussion und Finalisierung von Mandatsvereinbarung/Konditionen | | ■ | | | | | | | | | | |
| Entwurf und Finalisierung des Schuldscheinvertrages | | | ■ | ■ | | | | | | | | |
| Erstellung des Kreditnehmerprofils für Investoren | | ■ | ■ | | | | | | | | | |
| Prüfung und Freigabe des Kreditnehmerprofils | | | ■ | | | | | | | | | |
| Zusammenstellung der Vermarktungsunterlagen | | | | ■ | | | | | | | | |
| Start der Vermarktung/der Investorenansprache | | | | | ■ | | | | | | | |
| Investorentreffen (falls erforderlich) | | | | | | ■ | | | | | | |
| Kreditprozess der Investoren | | | | | | ■ | ■ | ■ | ■ | | | |
| Zusagen der Investoren | | | | | | | | | | ■ | | |
| Allokation und Vertragsunterzeichnung | | | | | | | | | | | ■ | |
| Abwicklung und Auszahlung | | | | | | | | | | | | ■ |

Im idealen Falle kommt es in der zwölften Woche zur Auszahlung der Gelder. Limitierender Faktor kurz vor Abschluss der Transaktion kann zum Beispiel eine nicht ausreichende Rendite-Risiko-Relation sein oder ein sogenanntes Marktereignis wie eine Gewinnwarnung des kreditnehmenden Unternehmens. Andere Faktoren wie eine nicht nicht ausreichende Datenverfügbarkeit oder eine nicht überzeugende Kredithistorie werden bereits zu Beginn des Prozesses herausgefiltert.

# Die Marktteilnehmer: Kreditnehmer, Arrangeure und Kreditgeber

7

## 7.1 Heterogenes Darlehensnehmerspektrum

Der Schuldschein ist ein Instrument für den gehobenen Mittelstand bis hin zu großen Unternehmen und Konzernen – ein sehr facettenreiches Spektrum. Die Schuldscheine begebenden Unternehmen kommen aus allen Sektoren und aus zahlreichen Branchen, wobei Industrieunternehmen die stärkste Einzelgruppe bilden.

Die Darlehensnehmer müssen nicht immer große oder sehr große Unternehmen sein. Mittlerweile kommen 40 % bis 50 % aller Schuldscheinbegebungen von Unternehmen mit Jahresumsätzen von unter 1 Mrd. EUR, dabei auch einige Unternehmen mit Jahresumsätzen von unter 500 Mio. EUR. Und nicht mehr als zehn Prozent der Schuldscheindarlehensnehmer erwirtschaften Jahresumsätze von mehr als zehn Milliarden Euro.

## 7.2 Begebungsprozess in der Regel mit begleitender Bank

In der Regel übernehmen Banken als Arrangeure die erste Transaktions- und Bonitätsprüfung sowie die Prüfung der Kapitalmarktreife, sie begleiten die Transaktion von der anfänglichen Beratung des Unternehmens bis zur vollständigen Platzierung. Auch beteiligen sich die arrangierenden Banken häufig an der begleiteten Schuldscheintransaktion und nehmen bis zu fünf Prozent des begebenen Volumens auf das eigene Buch. Zudem vermitteln die Arrangeure bei Umplatzierungen von Teilbeträgen oder auch vom Gesamtbetrag des Schuldscheindarlehens bei einem Investor.

© Springer Fachmedien Wiesbaden GmbH 2018
H. Grunow und C. Zender, *Finanzinstrument „Schuldschein"*, essentials,
https://doi.org/10.1007/978-3-658-20180-7_7

**Tab. 7.1**  Arrangeure am Schuldscheinmarkt. (Quelle: Grunow/Zender)

| Bankengruppe | Platzierungsanteil (Anteil nach Transaktionsvolumen im Durchschnitt der Jahre 2012 bis 2016) |
| --- | --- |
| Landesbanken | 60 % bis 65 % |
| Großbanken | 20 % bis 25 % |
| Genossenschaftsbanken | 5 % (Genossenschaftliche Zentralbank) |
| Auslandsbanken | 10 % bis 15 % |

Die bedeutendste Gruppe der Arrangeure von Schuldscheinen sind Landesbanken, sie begleiten gut 60 % des Volumens an den Markt (siehe Tab. 7.1). Diese Dominanz resultiert einerseits aus dem guten Zugang zu den Sparkassen als wichtige Investoren und andererseits aus ihrer Stellung als eine der wichtigsten Bankengruppen in der Unternehmensfinanzierung in Deutschland. Auf Großbanken entfallen rund 20 % des arrangierten Kapitals. Kreditgenossenschaften und Auslandsbanken arrangieren zusammen rund zehn Prozent der Begebungen. Bei größeren Transaktionen arbeiten meist mehrere Banken am Arrangement.

Am deutschen Schuldscheinmarkt sind etwa 15 Arrangeure permanent aktiv und weitere zehn Adressen von Zeit zu Zeit. Diese Arrangeure betreuen jährlich zwischen 100 und 130 Schuldscheintransaktionen, bei größeren Volumina auch gemeinsam. Die Arrangeure präsentieren die begebenden Unternehmen – ähnlich wie bei einer Wertpapieremission – mit der angemessenen Daten- und Informationsaufbereitung.

## 7.3    Stetig wachsende Kreditgebergruppe

Das Kapitalangebot in der Form des Schuldscheins nimmt zu. Das Interesse der Investoren an diesem Finanzinstrument ist in den vergangenen Jahren ebenso deutlich gestiegen wie die Liquidität. Gegenwärtig zeichnen bis zu 1000 Investoren Schuldscheine. Und die Anleger zeigen unverändert großes Interesse, ihr Engagement im Schuldscheinbereich weiter zu erhöhen. Institutionelle Investoren suchen eine lukrative Rendite bei überschaubarem Risiko. Gleichzeitig besteht zunehmendes Interesse am Schuldschein von ausländischen Investoren.

Schuldscheine erleichtern auf Kapitalgeberseite die Risikostreuung. Institutionelle Investoren nutzen daher den Schuldschein zur Diversifizierung ihres Anlagebestandes und zur Verbesserung des Rendite-Risiko-Profils. Bei Banken, die nicht deutschlandweit oder ausländisches Kreditgeschäft betreiben können oder wollen, dienen Schuldscheine der geografischen Diversifizierung des Forderungsportfolios. Die Abhängigkeit von der regionalen Wirtschaftsentwicklung wird unter Gesichtspunkten des Ausfallrisikos dadurch gemindert.

Und Kapitalgeber, die kein flächendeckendes Kreditgeschäft betreiben, können mit dem Schuldschein in einem für sie sonst nicht zugänglichen Segment des Kreditmarktes investieren. Außerdem können Investoren auch kleinere Kreditbeträge auslegen an Unternehmen, für die sie sonst als Bankpartner beziehungsweise Kreditgeber nicht infrage gekommen wären.

Der Vorteil des Schuldscheins liegt für Investoren vor allem auch darin, dass diese Titel zu fortgeführten Anschaffungskosten in der Bilanz bewertet werden können. Es müssen nicht wie bei öffentlich notierten Anleihen mit fortlaufenden Kursen zu jeweiligen Stichtagen entsprechende Wertanpassungen vorgenommen werden. Dies macht die Positionen in Schuldscheinen erheblich weniger volatil und erleichtert zum Beispiel gerade Versicherungen oder Pensionskassen ihre Vermögensverwaltung.

Größte Investorengruppen in diesem Marktsegment sind deutsche Privatbanken und Sparkassen (siehe Tab. 7.2). Regional aufgestellte Institute diversifizieren mit dem Schuldschein ihr Kreditportfolio national und international, Banken haben Zugang zu einem größeren Spektrum an kreditnehmenden Unternehmen mit attraktivem Rendite-Risiko-Profil. Außerdem können von größeren Volumina auch kleinere Tranchen gezeichnet werden, was bei traditionellen Bankkrediten nicht möglich ist.

Die Sparkassen, die – anders als zum Beispiel Volks- und Raiffeisenbanken – in der Regel auch größere Kreditbeträge zeichnen, profitieren vom Verbund mit den Landesbanken als wichtigste Arrangeure. Ein nicht unerheblicher Teil der Schuldscheinemissionen wird von institutionellen Anlegern wie zum Beispiel Versicherungen oder Pensionskassen gezeichnet.

Kreditinstitute und Versicherungen nutzen Schuldscheine zur Portfoliodiversifizierung ihres Anlagebestandes und zur Verbesserung des Rendite-Risiko-Profils. Der Schuldschein, in der Regel nicht durch Sicherheiten unterlegt, dafür aber meist mit höherem Zins ausgestattet, bringt in den Portfolien der Investoren ein Renditeplus. Trotz stark eingeschränkten Handels besteht dennoch die gegenüber dem Kredit deutlich leichtere Übertragbarkeit auf andere Investoren.

Eine Investorengruppe, die in den vergangenen Jahren an Bedeutung gewonnen hat, sind ausländische Banken. Hier tun sich insbesondere Banken aus dem asiatischen Raum hervor, die teilweise sehr große Kreditbeträge zeichnen. Während syndizierte Kredite regelmäßig im engen Hausbankenkreis aufgenommen

**Tab. 7.2**  Typische Schuldscheininvestoren. (Quelle: Grunow/Zender)

| Investorengruppe | Anlagemotive |
| --- | --- |
| Deutsche (Privat-)Banken<br>Anteil: ca. 35 % | Mitunter „zinssensibel" wegen eigener Refinanzierungskosten.<br>Mitunter Forderung nach Zusatzgeschäft.<br>Fokus auf Transaktionen mit „Relationship-Charakter" |
| Sparkassen<br>Anteil: ca. 30 % | Fokus auf deutsche Emittenten mit guter Kreditqualität.<br>Regionales Geschäft bevorzugt.<br>Trend zu kleineren Beteiligungsbeträgen (bis 5 Mio. EUR), wobei in Abhängigkeit von der Branche des Emittenten und von der Größe des Instituts auch Beträge von 10 Mio. EUR möglich sind |
| Deutsche und internationale institutionelle Investoren (Versicherungen/Pensionskassen)<br>Anteil: ca. 10 % | Externes Rating (durch Agentur) bei größeren Beträgen mitunter erforderlich.<br>Lange Laufzeiten bevorzugt.<br>„Seltenheitswerte" gesucht.<br>Schuldschein für Fondsgesellschaften/Publikumsfonds auf den gegenwärtigen Zinsniveaus uninteressant, weil Rendite nach Abzug der Managementkosten zu gering für Privatanleger |
| Auslandsbanken<br>Anteil: ca. 20 % | Fokus auf etablierte und bekannte Unternehmen (zunehmende Aktivität spürbar).<br>Geschäftsbezug zum Heimatland der Bank sehr hilfreich |
| Volks- und Raiffeisenbanken<br>Anteil: ca. 5 % | Fokus auf deutsche Emittenten mit guter Kreditqualität.<br>Stark regional orientiert.<br>Kleine Beteiligungsbeträge wegen geringerer Bilanzsumme |

werden, eröffnet das Schuldscheindarlehen Financiers die Möglichkeit, Fremd-kapital an attraktive Unternehmen zu geben, zu denen bislang keine Geschäfts-beziehung bestand. Die Kreditgenossenschaften/Volksbanken machen bis zu fünf Prozent der Käufer aus. Wesentliche Anlagegründe sind der Zugang zu neuen Rendite-Risiko-Profilen, weil auch kleinere Tranchen von großen Volumina und gebietsfern gezeichnet werden können. So kann das Kreditportfolio nach Regionen und Branchen diversifiziert werden.

Als Anlagemotive hinzu kommen die beschriebenen bilanztechnischen Vorteile des Schuldscheins. Außerdem bietet der Schuldschein die Möglichkeit, ein standardisiertes und damit leichter zu verwaltendes Finanzprodukt zu erwerben. Letzterer Aspekt gilt vor allem auch für die zweite Bonitätsprüfung des den Schuldschein begebenden Unternehmens durch die Investoren.

Der Schuldscheinmarkt verdankt in letzter Konsequenz seinen Erfolg den professionellen, leistungsfähigen Strukturen und Akteuren. Die positive Entwicklung des Schuldscheins als Instrument der Unternehmensfinanzierung liegt an der ausschließlichen Beteiligung von institutionellen Adressen. Private Anleger oder semi-institutionelle Marktteilnehmer spielen in diesem Segment keine Rolle.

# Die Vorteile und die Besonderheiten des Schuldscheins

## 8.1 Vorteile des Schuldscheindarlehens

Der Schuldscheinmarkt hat seine Leistungsfähigkeit in der Unternehmensfinanzierung unter Beweis gestellt. Erfolgsfaktoren sind unter anderen die einfache, sichere Handhabung des Instruments, Transparenz und professionelle Marktteilnehmer, eine verlässliche Platzierung des nachgefragten Kapitals und auf den Charakter dieses Instruments abgestimmte Informationspflichten. Die Entwicklung erfolgte frei von gesetzlichen Regularien, weil der Kreditcharakter des Marktsegments erhalten blieb und das Segment nicht zum Börsenplatz mutierte. Für den konkreten Einsatzzweck unter institutionellen Finanzakteuren wurde eine stabile Einsatzmöglichkeit gefunden.

Im direkten Vergleich mit anderen Fremdkapitalinstrumenten werden die Vorzüge des Schuldscheindarlehens offensichtlich (siehe Tab. 8.1). Dabei punktet das Instrument in allen Einzelkriterien und ist deshalb als guter „Alleskönner" gerade für den Mittelstand geeignet. Hinzu kommen die fehlende Prospektpflicht, das fehlende Erfordernis eines Rating, keine Pflicht, Sicherheiten zu stellen, und das zügige, kostengünstige Begebungsverfahren.

Das Schuldscheindarlehen eignet sich sehr gut als Vorbereitung auf eine „echte" Kapitalmarkttransaktion – allerdings mit größerer Flexibilität hinsichtlich Strukturierung, Dokumentation, Kommunikation bei deutlich geringeren Kosten und geringerem Aufwand als beispielsweise bei der Anleihe. In der Regel ist kein externes (Agentur-)Rating erforderlich (siehe auch Tab. 8.2). Zudem verringert die Vergrößerung des Kapitalgeberkreises die Abhängigkeit von einzelnen kreditgebenden Banken. Darüber hinaus werden bei einer Umfinanzierung mittels Schuldscheindarlehen zuvor in anderen Fremdkapitalarten gebundene Sicherheiten frei.

© Springer Fachmedien Wiesbaden GmbH 2018
H. Grunow und C. Zender, *Finanzinstrument „Schuldschein"*, essentials,
https://doi.org/10.1007/978-3-658-20180-7_8

**Tab. 8.1** Eignung unterschiedlicher Finanzinstrumente. (Quelle: Grunow/Zender)

| Kriterium/ Instrument | Bilateraler Kredit | Syndizierter Kredit | Schuldschein | High Yield-Anleihe | Anleihe |
|---|---|---|---|---|---|
| Kleineres Volumen | ++ | − | ++ | − | −− |
| Größeres Volumen | −− | ++ | ++ | ++ | ++ |
| Kürzere Laufzeit | ++ | o | + | + | o |
| Längere Laufzeit | + | + | ++ | + | ++ |
| Investorendiversifikation | −− | − | + | + | ++ |
| Flexibilität | ++ | ++ | + | o | o |
| Stabiler Marktzugang | ++ | ++ | ++ | − | o |
| Niedrige Kosten | ++ | + | + | − | − |
| Geringe Komplexität | ++ | o | ++ | o | o |

| Instrument erfüllt das Emissionskriterium: | ++ | = | Hervorragend |
|---|---|---|---|
| | + | = | Gut |
| | o | = | Angemessen |
| | − | = | Kaum |
| | −− | = | Nicht |

**Tab. 8.2** Eckwerte einer Schuldscheinfinanzierung. (Quelle: Grunow/Zender)

| Wesentliche Kriterien | |
|---|---|
| Volumen | Ab 20–30 Mio. EUR |
| Verzinsung | In Abhängigkeit vom Markt- und Zinsumfeld schwanken die Anteile von variabler und fester Verzinsung zwischen jeweils 40 % und 60 % (variabel einschließlich Risikoprämie in der Regel als Spread über Euribor) |
| Laufzeit | In der Regel 3 bis 10 Jahre, aber auch mehr als 10 Jahre problemlos möglich |
| Anforderungen | Kapitalmarktreife des Darlehensnehmers, umfangreiche und aktuelle Dokumentation, kein externes Rating, nur internes Rating der Konsortialbank |
| Platzierungsdauer | Drei bis vier Monate |
| Investoren | Banken und bankähnliche Institutionen, Versicherungen, spezialisierte Fonds |
| Kosten | Rund 0,05 bis 0,1 % vom Nominalwert pro Jahr Laufzeit, abhängig von der Marktlage, Bonität des Unternehmens und vom Zugang des Arrangeurs zum relevanten Anlegerkreis |

| **Tab. 8.3** Handel/ Veräußerung des Instruments seitens der Kapitalgeber. (Quelle: Grunow/Zender) | | |
|---|---|
| | Klassischer Kredit: | Selten |
| | Nachrangiger Kredit: | Selten |
| | Syndizierter Kredit: | Selten |
| | Direktdarlehen: | Nein |
| | Schuldschein: | Möglich |
| | Anleihe: | Ja |

Der Schuldschein schafft Zugang zu einem gegenüber dem klassischen Kredit breiteren Investorenkreis, er erlaubt eine „erste Kapitalmarktpräsenz", aber auch – falls gewünscht – keine oder nur eine eingeschränkte Publizität der Transaktion. Der Schuldschein ist ein flexibles Instrument nach deutschem Recht, der klein- oder großvolumigen Finanzierungsbedarf kurz- oder langfristig abdeckt. Die Dokumentation für den Schuldschein ist vergleichsweise einfach, die administrative Abwicklung unkompliziert. Die Laufzeiten und Tranchen werden individuell auf die Bedürfnisse von Emittenten und Investoren zugeschnitten.

Nichtsdestotrotz ist die Investorenbasis des Schuldscheindarlehens im Vergleich mit der Anleihe limitiert. Heute gehören, im Gegensatz zu länger zurückliegenden Jahrzehnten, überwiegend Banken und Sparkassen zu den Zeichnern von Schuldscheinen – weniger Versicherungen und Pensionskassen. Dies liegt zuvorderst an den bestehenden Anlagerichtlinien (Kreditrisiken) sowie der eingeschränkten Handelbarkeit und Sekundärmarktliquidität (siehe Tab. 8.3). Allerdings sind als Kapitalgeber jüngst spezialisierte Schuldscheinfonds hinzugekommen (siehe auch Abschn. 9.4 Neue Vermarktungswege).

## 8.2  Besonderheiten des Schuldscheindarlehens

Das Schuldscheindarlehen weist viele Vorzüge auf, aber auch eine Reihe von Besonderheiten. So muss zum Beispiel die Inanspruchnahme des Schuldscheinkapitals umgehend erfolgen, ein Abruf nach jeweiligem Bedarf – wie bei Bankkrediten üblich – ist nicht möglich; deshalb kommt der Schuldschein als Finanzinstrument in sinnvoller Weise nur dann infrage, wenn der Kapitalbedarf kurzfristig und in voller Höhe besteht. Seltene Ausnahmen in der Praxis sind zum Beispiel Refinanzierungen von Schuldscheindarlehen, die bis zu sechs Monate vor dem Zeitpunkt des Mittelbedarfs arrangiert werden. Im Vergleich mit traditionellen und syndizierten Krediten besitzt der Schuldschein zudem eine geringere Flexibilität. Und Tilgungen während der Laufzeit sind beim Schuldschein unüblich (siehe Tab. 8.4).

**Tab. 8.4** *Vorzüge und Besonderheiten des Schuldscheindarlehens.* (Quelle: Grunow/Figgener, Handbuch Moderne Unternehmensfinanzierung, Springer-Verlag, Heidelberg 2006)

| Plus |
| --- |
| Hinsichtlich Strukturierung, Dokumentation, Kommunikation: Vorbereitung auf „echte" Kapitalmarkttransaktionen. |
| Im Vergleich mit der Anleihe: Geringere Kosten und geringerer Aufwand bei Strukturierung und offizieller Dokumentation, kein Prospekt erforderlich. |
| Informationsfluss nur zu wenigen Investoren, zudem nicht öffentliche Transaktion. |
| In der Regel kein externes (Agentur-)Rating erforderlich. |
| Vergleichsweise flexibles Instrument bei der Gestaltung der Konditionen. |
| Vergrößerung des Kapitalgeberkreises und dadurch geringere Abhängigkeit von einzelnen kreditgebenden Banken. |
| Bei Umfinanzierung „Freiwerden" von zuvor in anderen Fremdkapitalarten gebundenen Sicherheiten |

| Minus |
| --- |
| Öffentlichkeitswirkung gegenüber einer Kapitalmarktfinanzierung limitiert (Publizitätsgrad abhängig von Wünschen des Unternehmens). |
| Nachverhandlung (zum Beispiel bei Verschlechterung der Geschäftslage) grundsätzlich nicht möglich, dadurch starrerer Zahlungsrahmen als bei normalen Krediten (Nachverhandlung nur im Ausnahmefall und bei geringer Investorenzahl). |
| Begrenzte Handelsmöglichkeit (Umplatzierung), infolge geringe Liquidität im Schuldschein. |
| Vor diesem Hintergrund: Nur eingeschränkt für die „Credit Story" des Unternehmens nutzbar. |
| Tilgung während der Laufzeit/vorzeitiger Rückkauf unüblich. |
| Keine privaten Anleger. |
| Banken auf Anlegerseite dominieren. |
| Beurteilung der Finanzierungsvorhaben durch Investoren in ähnlicher Art und Weise wie bei einer Kreditprüfung |

Grundsätzlich erwarten die Investoren von Schuldscheinen kein Zusatzgeschäft mit dem begebenden Unternehmen (kann aber mitunter bei Banken als Zeichner vorkommen). Die Financiers stellen allein auf das Investment und die Bonität des Emittenten ab. So können die Sichtweise und die Anlagekriterien andere sein als bei traditionellen Hausbanken.

# Die Trends am Schuldscheinmarkt

## 9.1 Kontinuierlich wachsende Volumina und Transaktionszahlen

Der deutsche Schuldscheinmarkt ist in den vergangenen Jahrzehnten kräftig gewachsen. Das ausstehende Gesamtvolumen an Schuldscheindarlehen erreichte im Jahr 2000 erst 16,7 Mrd. EUR, im Jahr 2016 schon 86,5 Mrd. EUR. Die innerhalb eines Jahres aufgenommenen neuen Darlehen stiegen in den genannten Zeiträumen von 3,5 Mrd. EUR auf 28,5 Mrd. EUR. Doch nicht nur die Volumina haben sich kräftig erhöht (siehe Tab. 9.1).

Gleichzeitig ist der Schuldscheinmarkt erheblich internationaler geworden. Sowohl mehr ausländische Unternehmen als Kreditnehmer als auch mehr ausländische Investoren als Kreditgeber nutzen die „Kreditplattform Schuldschein". Im Zuge dieser Entwicklung hat sich die Zahl der Transaktionen erhöht – mittlerweile wird die Begebung von zwei bis drei Schuldscheindarlehen pro Woche arrangiert. Deutlich nach oben gegangen sind die Transaktionsgrößen (siehe Tab. 9.1).

Im Zuge der Finanz- und Wirtschaftskrise der Jahre 2008 und 2009 verzeichnete der Schuldscheinmarkt ein starkes Wachstum. Große DAX-Unternehmen entdeckten zu diesem Zeitpunkt das Schuldscheindarlehen als gute Ergänzung zu ihren Anleiheemissionen, die den volatilen Verhältnissen der Kapitalmärkte ausgesetzt waren. Auch dadurch wurde das Marktsegment Schuldschein zunehmend interessanter für internationale Investoren, die so ihre Kredit- und Anlageportefeuilles diversifizieren konnten. Diese zusätzliche Nachfrage erlaubte es, Schuldscheindarlehen mit Volumina jenseits von einer Milliarde Euro zu begeben.

© Springer Fachmedien Wiesbaden GmbH 2018
H. Grunow und C. Zender, *Finanzinstrument „Schuldschein"*, essentials,
https://doi.org/10.1007/978-3-658-20180-7_9

**Tab. 9.1** Darlehensvolumina und Anzahl der vereinbarten Schuldscheindarlehen. (Quelle: CAPMARCON, LBBW)

| Jahr | 2000 | 2012 | 2016 |
|---|---|---|---|
| Begebenes Volumen in Mrd. EUR | 3,53 | 12,11 | 28,50 |
| Zahl der Transaktionen | 77 | 101 | 129 |
| Volumen pro Transaktion in Mio. EUR | 49 | 120 | 221 |
| Ausstehendes Volumen in Mrd. EUR | 16,7 | 67,5 | 86,5 |

## 9.2  Zunehmende Internationalität der Darlehensnehmer

Der Schuldscheinmarkt zieht – gerade in den vergangenen sechs bis sieben Jahren – auch nicht deutsche Adressen an. Die Zahl ausländischer Unternehmen, die den Schuldschein als neue Finanzierungsquelle nutzen, steigt kontinuierlich. Dominierten beispielsweise im Jahr 2000 deutsche Darlehensnehmer bei weitem, entfielen auf sie im Jahr 2012 nur noch 70 % des neu arrangierten Kreditvolumens, im Jahr 2016 bereits weniger als zwei Drittel (siehe Tab. 9.2).

Noch in der vergangenen Dekade gehörten vor allem österreichische und schweizerische Adressen zu den kreditnehmenden Adressen. Im Jahr 2016 kamen die schuldscheinbegebenden Unternehmen in nennenswertem Maße aus Frankreich, Finnland und Schweden, aus Großbritannien und den Benelux-Ländern, aus Slowenien, Spanien und Irland (siehe Tab. 9.2).

**Tab. 9.2** Regionale Verteilung der Schuldscheindarlehensnehmer (nach Volumen). (Quelle: CAPMARCON, LBBW)

| Jahr | 2000 (%) | 2012 (%) | 2016 (%) |
|---|---|---|---|
| Deutschland | 92 | 70 | 65 |
| Frankreich | – | 5 | 10 |
| Schweiz | 1 | 3 | 9 |
| Österreich | 5 | 15 | 5 |
| Niederlande | – | 1 | 4 |
| Belgien | – | 1 | 1 |
| Andere | 2 | 5 | 6 |

Wesentliche Motive sind nach Unternehmensangaben die klare Struktur und einfache Platzierung. Überdies bietet die Schuldscheinfinanzierung häufig günstigere Konditionen als die klassische Bankfinanzierung im Herkunftsland oder der Eurobondmarkt. Gerade Firmen mit einem internationalen Bekanntheitsgrad konnten so erfolgreich Schuldscheindarlehen aufnehmen.

## 9.3 Zunehmende Internationalität der Darlehensgeber

Nicht nur die Darlehensnehmer werden internationaler, sondern auch die Darlehensgeber. Mittlerweile werden 30 % bis 40 % des jährlich begebenen Schuldscheinvolumens im Ausland platziert (siehe Abb. 9.1). In den vergangenen drei bis vier Jahren hat sich insbesondere die Nachfrage von Banken aus dem asiatischen Raum erhöht. Unternehmen mit umfangreichen Geschäftsaktivitäten zum Beispiel in China stoßen auf ein sehr lebhaftes Interesse bei den dortigen Investoren. So kamen die Kreditgeber im Jahr 2016 neben Deutschland und Europa aus Asien und Australien, aus dem Nahen Osten, aus Lateinamerika und sogar dem nördlichen Afrika.

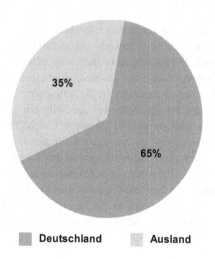

**Deutschland**    **Ausland**

**Abb. 9.1** Schuldscheininvestoren nach Herkunftsland (volumengewichtet). (Quelle: Grunow/Zender)

## 9.4    Neue Vermarktungswege

Schuldscheindarlehen wurden bislang von den kreditgebenden Adressen „auf das Buch genommen", das heißt als Darlehen in der eigenen Bilanz geführt. Seit ein, zwei Jahren ist ein neuer Vermarktungsweg für den Schuldschein hinzugekommen: Schuldscheinfonds. Diese meist nach luxemburgischen Recht aufgelegten spezialisierten Investmentfonds sammeln Gelder von Investoren ein, die von den Portfoliomanagern in einzelne Schuldscheindarlehen an Unternehmen investiert werden. Mit einer Mindestanlagesumme von einer Million Euro und mehr sprechen diese Investmentfonds institutionelle Anleger an.

Den institutionellen Anlegern eröffnet sich so die Möglichkeit, an einem breit diversifizierten Portfolio von Corporate Schuldscheindarlehen zu partizipieren, ohne die aufsichtsrechtlich vorgeschriebenen Prüfungen beim Kauf einzelner Schuldscheindarlehen erfüllen zu müssen. Diese Prüfungspflicht bei unmittelbarer Kreditvergabe führte bislang dazu, dass die Gruppe der institutionellen Investoren – gemessen an ihren sonstigen Anlagevolumina – mit Ausnahme der Banken deutlich unterrepräsentiert ist (siehe auch Kap. 7, Marktteilnehmer, Tab. 7.2).

Neben der vereinfachten Prüfung der Investments in Schuldscheinfonds liegt der Reiz für die Investoren bei diesem Anlagevehikel auch in der Vielfalt von Unternehmen, die von mittelständischen Firmen bis zu nationalen und internationalen Großkonzernen, den sogenannten Bluechips, reicht. Eine solch starke Streuung wäre durch den direkten Erwerb von Schuldscheinen schon allein wegen des damit verbundenen Prüfungsaufwands nicht möglich.

Da die Sekundärmarktaktivitäten bei Schuldscheindarlehen nur sehr verhalten sind (geringer Handel, geringe Liquidität), ist die Anlagestrategie der Schuldscheinfonds auf ein Halten der Schuldscheine bis zur Fälligkeit ausgerichtet („Buy-and-Hold-Ansatz"). Zur Jahresmitte 2017 bewegten sich die Anlagevolumina dieser Fonds noch im mittleren zweistelligen Millionen-Euro-Bereich und es bleibt abzuwarten, wie sich die Fondsvermögen in den folgenden Jahren entwickeln werden. Die niedrigen Renditen auf Schuldscheindarlehen seit Beginn der extremen Niedrigzinsphase im Jahr 2014 und der damit einhergehende Rückgang der Risikoaufschläge (Margen) erschwert die Auswahl geeigneter Darlehen und beeinträchtigt gegenwärtig noch die Attraktivität dieser Schuldscheinfonds.

## 9.5 Digitalisierung von Schuldscheinbegebungen: Blockchain

Eine interessante Neuerung zur Platzierung von Schuldscheindarlehen am Markt könnte der Einsatz des sogenannten Blockchain-Verfahrens sein, einer Internet-basierten Technologie zur Verschlüsselung von Informationen und Datensätzen und zur sicheren Abwicklung von (Finanz-)Transaktionen. Diese Technologie erhöht die Prozesssicherheit und verringert Risiken. Schuldscheindarlehen lassen sich so deutlich effizienter über Internet-basierte Verfahren vermarkten, ohne dass Abstriche in der Informationsqualität, Transparenz und Prozesssicherheit gemacht werden müssten.

Der traditionelle Prozess der Aufnahme eines Schuldscheindarlehens ist einerseits von der Übertragung wichtiger Informationen und Daten sowie andererseits von vielen manuellen Prozessschritten gekennzeichnet. Die Verschlüsselungstechnologie von Blockchain ermöglicht es allen berechtigten Prozessbeteiligten, die übertragenen Informationen zu verifizieren, die Identitäten der Beteiligten zu erkennen und zu bestätigen und die Transaktion selbst dahin gehend zu überprüfen, ob sämtliche Schritte gemäß den zuvor festgelegten Kriterien erfolgen. Alle Prozessbeteiligten verfügen damit jederzeit über den gleichen, von Rechnern permanent aktualisierten Stand der Transaktion. Und keiner der Beteiligten kann Informationen oder Daten ändern, ohne dass dies nicht für alle anderen Beteiligten unverzüglich erkennbar wäre. Manuelle Prozessschritte können mittels der Blockchain-Technologie sicher automatisiert werden, was die Effizienz erhöht und Kosten spart.

Im Finanzbereich ließe sich so, unter anderen, die funktionale, rein technische Intermediär-Funktion der Banken auf digitale Plattformen verlagern. Die Wert schöpfende Leistung der Banken könnte sich in der Folge zum Beispiel bei einer Schuldscheintransaktion auf die Bonitätsbewertung der Kreditnehmer sowie die konzeptionelle Gestaltung des Darlehens konzentrieren. Denn den Banken wird weiterhin eine „Auswahlfunktion" zukommen, welche die Prüfung der Schuldscheinfähigkeit des begebenden Unternehmens und die Prüfung der Angemessenheit der Risiko-Rendite-Relation des angebotenen Schuldscheins übernimmt. Letztlich sorgen Banken auch für die wichtige Wahrung der Interessenbalance zwischen Darlehensnehmer und Darlehensgeber. Dies gilt umso mehr angesichts eines Szenarios, dass die Märkte nicht immer über so viel Liquidität verfügen werden, wie dies gegenwärtig der Fall ist als Folge der expansiven Geldpolitik der Europäischen Zentralbank (EZB).

Vor diesem Hintergrund kam das Blockchain-Verfahren erstmals bei der Platzierung eines Schuldscheins in der ersten Jahreshälfte 2017 zum Einsatz. Bei einer von der Daimler AG initiierten und von der Landesbank Baden-Württemberg arrangierten Begebung wurden alle Transaktionsschritte – von der Erstellung des Termsheet über Platzierung, Allokation, Erstellung der Darlehensverträge, Vertragsabschluss inklusive der Zinszahlungs- und Rückzahlungsbestätigungen sowie Prüfung der Zahlungseingänge – zusätzlich zum herkömmlichen Prozedere auch komplett digital abgebildet. Das erfolgreiche Pilotprojekt zeigte eine signifikante Verringerung des Arbeitsaufwands bei allen Beteiligten einer Schuldscheinbegebung: Beim kreditnehmenden Unternehmen, bei der arrangierenden Bank und beim kreditgebenden Investor.

Bis allerdings die Blockchain-Technologie das herkömmliche Verfahren zur Begebung eines Schuldscheins vollständig wird ersetzen können, dürfte noch einige Zeit vergehen. Denn um die Vorzüge dieser Technologie auch wirklich nutzen zu können, müssen es alle Prozessbeteiligten einsetzen und nicht nur ein Teil der Transaktionspartner. Es sollten internationale Standards existieren, damit alle Prozessbeteiligten die gleiche Technologie verwenden. Und es wäre sinnvoll, die Blockchain-Technologie mit den bereits bestehenden Handels-, Abrechnungs- und Bestandssystemen kompatibel zu machen, damit keine Schnittstellenprobleme entstehen, die dann nur wieder manuell zu beheben wären.

Der Einsatz von Blockchain ist letztlich nicht nur eine technische Frage, ebenso gilt es grundsätzliche Fragen zu beantworten: Müssen, sollen und dürfen wirklich alle Prozessbeteiligten alle Informationen kennen? Gibt es einen gesetzlichen/regulatorischen Rahmen, der den alleinigen Einsatz von Blockchain bei der Aufnahme eines Schuldscheindarlehens erlaubt? Der zu erwartende Nutzen der Blockchain-Technologie im Finanzsektor lässt es aber ratsam erscheinen, hier weiter zu entwickeln und auch zukünftige Transaktionen mit dieser neuen Technologie zu begleiten.

# Der Schuldschein im Überblick 10

Das Volumen und die Transaktionen bei Schuldscheindarlehen haben in den vergangenen Jahr(zehnt)en kontinuierlich zugenommen. Denn eine Reihe von überzeugenden Argumenten spricht für den Schuldschein (siehe auch Tab. 10.1):

- Bündelung von bilateralen Verträgen zwischen Kreditnehmer und Kreditgeber, die Verträge sind für alle Parteien eines Schuldscheindarlehens gleich,
- einfache, klare Strukturen,
- attraktive Konditionen,
- transparente Vermarktungswege,
- Schuldner mit guten Bonitäten,
- aufnahmefähige Anlagemärkte.

Schuldscheindarlehen besitzen flexible Gestaltungsmöglichkeiten bei den Rahmendaten und Konditionen:

- Laufzeit,
- feste oder variable Verzinsung,
- unterschiedliche Währungen,
- Auflagen („Covenants"),
- Möglichkeit der Tranchen-Bildung, das heißt es lassen sich Teilbeträge mit unterschiedlichen Ausprägungen gestalten.

Das Schuldscheindarlehen ist ein kostengünstig einsetzbares Instrument:

- grundsätzlich keine Stellung von Sicherheiten erforderlich (Ausnahmen gibt es mitunter bei Darlehen zur Immobilienfinanzierung),
- kein externes Rating erforderlich,

© Springer Fachmedien Wiesbaden GmbH 2018
H. Grunow und C. Zender, *Finanzinstrument „Schuldschein"*, essentials,
https://doi.org/10.1007/978-3-658-20180-7_10

**Tab. 10.1** Fremdkapitalinstrumente in der Unternehmensfinanzierung – ein Vergleich. (Quelle: Grunow/Zender)

| Instrument | Darlehen | | Schuldverschreibung/Anleihe | | Hybridkapital | |
|---|---|---|---|---|---|---|
| Kriterium | Schuldschein | US Private Placement | Namensschuldverschreibung | Anleihe | Hybrid-Anleihe | Genussschein |
| Format | Darlehen | Wertpapier nach US-Recht | Namenswertpapier | Inhaberwertpapier | Inhaberwertpapier | Inhaber- oder Namenswertpapier |
| Börsenfähigkeit | Nicht gegeben | Nicht gegeben | Nicht gegeben, Einlieferung in ein Settlement-System | Uneingeschränkt gegeben | Grundsätzlich gegeben und sinnvoll | Grundsätzlich gegeben |
| Externes Rating | Nicht erforderlich | Nicht erforderlich, aber NAIC-Rating (National Association of Insurance Commissioners) | Nicht erforderlich | In der Regel erforderlich | Nicht erforderlich, aber sinnvoll | Nicht erforderlich |
| Investoren | Kreditinstitute (nationale und internationale Geschäftsbanken, Sparkassen, Genossenschaftsbanken), eingeschränkt institutionelle Anleger | Versicherungen (USA) und Pensionsgesellschaften (USA) | Versicherungen, Versorgungswerke, Pensionskassen | Asset Manager, Banken, Vermögensverwalter, Versicherungen | In der Regel institutionelle Investoren und Family Offices | In der Regel institutionelle Investoren und Family Offices, weniger Banken und Sparkassen wegen der hohen Eigenkapital-Unterlegungspflicht |

(Fortsetzung)

**Tab. 10.1** (Fortsetzung)

| Instrument | Darlehen | | Schuldverschreibung/Anleihe | | Hybridkapital | |
|---|---|---|---|---|---|---|
| Kriterium | Schuldschein | US Private Placement | Namensschuldverschreibung | Anleihe | Hybrid-Anleihe | Genussschein |
| Investitionsansatz | Halten bis Endfälligkeit | Halten bis Endfälligkeit | Halten bis Endfälligkeit | Zinserträge und Ausnutzen von Kursveränderungen durch Handel | Halten bis Endfälligkeit sowie Handel | Halten bis Endfälligkeit sowie Handel (nur bei Börsennotierung) |
| Volumen | In der Regel ab 20 Mio. EUR bis 1 Mrd. EUR, höhere Volumina möglich | In der Regel ab 20 Mio. US-$ bis 1 Mrd. US-$, höhere Volumina möglich | In der Regel ab 20 Mio. EUR bis 1 Mrd. EUR, höhere Volumen möglich | In sinnvoller Weise ab 300 Mio. EUR bis zu zweistelligen Milliarden-Beträgen, je nach Marktsituation | In der Regel ab 50 Mio. EUR | In der Regel ab 10 Mio. EUR |
| Laufzeit | Bis zu 10 Jahre, endfällig | 7 bis 15 Jahre endfällig | Bis zu 30 Jahre, endfällig | Bis zu 30 Jahre, endfällig | In der Regel unbefristet mit im Zeitablauf ansteigender Verzinsung, Kündigungsrecht seitens des Emittenten nach frühestens 5 Jahren | Mindestens 5 Jahre, marktüblich 7 bis 10 Jahre, gegebenenfalls unbefristet mit Kündigungsrecht seitens des Emittenten |

(Fortsetzung)

**Tab. 10.1** (Fortsetzung)

| Instrument | Darlehen | | Schuldverschreibung/Anleihe | | Hybridkapital | |
|---|---|---|---|---|---|---|
| Kriterium | Schuldschein | US Private Placement | Namensschuldverschreibung | Anleihe | Hybrid-Anleihe | Genussschein |
| Verzinsung | Fest und variabel | In der Regel fest | In der Regel fest | Fest und variabel | In der Regel fest; Zinszahlung nur, wenn dadurch keine Verluste entstehen (Zinszahlung wird dann in der Regel in späteren Perioden nachgeholt) | In der Regel fest; Zinszahlung nur, wenn dadurch keine Verluste entstehen (Zinszahlung wird dann in der Regel in späteren Perioden nachgeholt) |
| Kündigungsrecht | Variabel verzinsliche Tranchen nach Ablauf der quartalsweisen Zinsfestschreibung, fest verzinsliche Tranchen nach 10 Jahren gemäß § 489 BGB | Vertraglich vereinbarte Kündigungsrechte | Kein Schuldnerkündigungsrecht | Kein Schuldnerkündigungsrecht | Vertragliche vereinbarte ordentliche und außerordentliche Kündigungsrechte (sogenannte Call-Rechte), zum Beispiel wegen „Steuer- oder Rating-Ereignissen" | Vertraglich vereinbarte außerordentliche Kündigungsrechte, zum Beispiel wegen „Steuer- oder Rating-Ereignissen" |

(Fortsetzung)

**Tab. 10.1** (Fortsetzung)

| Instrument | Darlehen | | Schuldverschreibung/Anleihe | | Hybridkapital | |
|---|---|---|---|---|---|---|
| Kriterium | Schuldschein | US Private Placement | Namensschuldverschreibung | Anleihe | Hybrid-Anleihe | Genussschein |
| Publizität, Transparenz | Keine Publizität über den Kreis der Darlehensgeber hinaus | Keine Publizität über den Kreis der Investoren hinaus | Keine Publizität über den Kreis der Darlehensgeber hinaus | In Abhängigkeit von der Art der Börsennotierung | In Abhängigkeit von der Art der Börsennotierung | Keine Publizität über den Kreis der Investoren hinaus, bei Börsennotierung Umfang abhängig von Börsensegment |
| Bilanzierung Investor | Finanzverbindlichkeiten ohne Bewertung zum Marktpreis am Bilanzstichtag | Finanzverbindlichkeiten mit Bewertung zu besonderer Preisstellung am Bilanzstichtag | Finanzverbindlichkeiten ohne Bewertung zum Marktpreis am Bilanzstichtag | Finanzverbindlichkeiten mit Bewertung zum Marktpreis am Bilanzstichtag | Finanzverbindlichkeiten mit Bewertung zum Marktpreis am Bilanzstichtag | Abhängig von der rechtlichen Gestaltung |
| Dokumentation | Geringer Dokumentationsaufwand | Erhöhter Dokumentationsaufwand (unter anderen Übernahmevertrag, Term Sheet) | Geringer Dokumentationsaufwand | Wertpapierprospekt | Wertpapierprospekt | Genussscheinbedingungen in der Regel als Inhaberpapier (Wertpapierprospekt bei Börsennotierung) |
| Juristische Beratung | Keine externe Rechtsberatung erforderlich | Externe Rechtsberatung wegen US-Recht erforderlich | Keine externe Rechtsberatung erforderlich | Externe Rechtsberatung erforderlich | Externe Rechtsberatung erforderlich | Externe Rechtsberatung erforderlich |

- kein Prospekt erforderlich,
- vergleichsweise schlanke Dokumentation ist ausreichend,
- standardisiertes (Kredit-)Vertragswerk.

Kapitalnehmer, die Unternehmen, können mit marktorientierten Instrumenten zusätzliche Investoren gewinnen, damit ihr Finanzierungsinstrumentarium erweitern und so die Abhängigkeit von nur einem oder wenigen Kreditgebern verringern.

Zur Aufnahme von Schuldscheindarlehen bedarf es einer oder mehrerer Banken als transaktionsbegleitende Arrangeure: Strukturierung der Transaktion, Exekution der Begebung, Platzierung und „Betreuung" über die Laufzeit (einschließlich eventueller Umplatzierungen) sowie Zahlstellenfunktion.

Der Einsatz dieses Finanzierungsinstrumentes ist möglich ab Volumina von 20 Mio. EUR und bis über eine Milliarde Euro. Schuldscheine begebende Unternehmen kommen aus nahezu allen Wirtschaftssektoren und Branchen.

Die Bonitäten der Schuldscheindarlehen aufnehmenden Adressen reichen von einem guten Rating „A" über das untere Investment Grade „BBB" bis hin zum schwächeren Non Investment Grade „BB". Damit eignet sich das Schuldscheindarlehen für mittelständische Unternehmen ebenso wie für große international agierende Konzerne.

Diese Mindestbonität ist Voraussetzung zum Einsatz des Schuldscheins in der Unternehmensfinanzierung. Die Bonität spiegelt sich in bestimmten (finanz-) wirtschaftlichen Kennziffern wie zum Beispiel Eigenkapitalquote des Kapitalnehmers, der Nettoverschuldung oder dem Verhältnis von Betriebsergebnis vor Abschreibungen zum Zinsergebnis. Auch erfordern Schuldscheindarlehen – ähnlich wie bei Kapitalmarktinstrumenten – eine regelmäßige und ausführliche Kommunikation.

Kapitalgeber, die Anleger, können mit relativ geringen Beträgen in Unternehmen investieren, zu denen sie ansonsten keinen Zugang haben. So können Investoren mit dem Schuldscheindarlehen das Rendite-Risiko-Profil ihrer (Kredit-) Portfolien verbessern und eine bessere Diversifizierung ihres Anlagevermögens erreichen. Die standardisierten Konzeptions-, Präsentations- und Begebungsstrukturen erleichtern überdies den Anlageprozess. Allerdings ist die Handelbarkeit von Schuldscheindarlehen, also die Veräußerbarkeit des Kredits während der Laufzeit, eingeschränkt.

Die Investoren entscheiden sich schließlich nach eigener intensiver Prüfung für ein Engagement. Eine externe Bonitätsbeurteilung (Rating) ist nicht erforderlich. Einige Emittenten besitzen zwar ein Rating, dies dann aber fast immer wegen der früheren Emission einer Anleihe. Die Arrangeure sprechen das gesamte Spektrum der geeigneten und interessierten Investoren an und wickeln die Transaktion mit vollständiger Platzierung ab.

Das deutsche Schuldscheindarlehen ist ein international einsetzbares Finanzinstrument, sowohl auf der Kapitalnehmerseite (Unternehmen) als auch auf Kapitalgeberseite (Investoren). Die Vorzüge des Schuldscheins sprechen für eine rege Nutzung auch in den Jahren nach 2017. Zwar ist der klassische Bankkredit nach wie vor die externe Hauptfinanzierungsquelle der Unternehmen – in Deutschland wie in der Europäischen Union (EU). Doch die Pläne der EU-Kommission zur Kapitalmarktunion sprechen für eine stärkere Rolle des Schuldscheins, der bereits heute zahlreiche der neuen EU-Anforderungen erfüllt. Dazu gehören die Standardisierung, die grenzüberschreitende Nutzbarkeit, der Zugang für jede Unternehmensgröße und die Attraktivität für nationale und internationale Investoren.

# Was Sie aus diesem *essential* mitnehmen können

- Profundes Wissen zum Thema Schuldscheindarlehen
- Verständnis der Funktionsweise dieses Finanzinstrumentes
- Kenntnis der Vorzüge, Einsatzmöglichkeiten und Besonderheiten des Schuldscheins
- Größere Fähigkeit, die Finanzierungsstruktur eines Unternehmens zu optimieren

© Springer Fachmedien Wiesbaden GmbH 2018
H. Grunow und C. Zender, *Finanzinstrument „Schuldschein"*, essentials,
https://doi.org/10.1007/978-3-658-20180-7

Printed in the United States
By Bookmasters